核心企业

筑构

商业生态优势

HEXIN QIYE GOUZHU
SHANGYE SHENGTAI YOUSHI

黄江明　丁　玲　欧阳桃花

/编著

中国财经出版传媒集团

经济科学出版社

Economic Science Press

图书在版编目（CIP）数据

核心企业构筑商业生态优势/黄江明，丁玲，欧阳桃花编著.
—北京：经济科学出版社，2019.9
ISBN 978 - 7 - 5218 - 0843 - 8

Ⅰ.①核⋯　Ⅱ.①黄⋯②丁⋯③欧⋯　Ⅲ.①企业管理 -
商业模式 - 研究　Ⅳ.①F272

中国版本图书馆 CIP 数据核字（2019）第 188239 号

责任编辑：申先菊　刘爱华
责任校对：李　建
版式设计：齐　杰
责任印制：邱　天

核心企业构筑商业生态优势

黄江明　丁　玲　欧阳桃花　编著
经济科学出版社出版、发行　新华书店经销
社址：北京市海淀区阜成路甲 28 号　邮编：100142
总编部电话：010 - 88191217　发行部电话：010 - 88191522
网址：www. esp. com. cn
电子邮件：esp@ eps. com. cn
天猫网店：经济科学出版社旗舰店
网址：http：//jjkxcbs. tmall. com
北京季蜂印刷有限公司印装
710 × 1000　16 开　11 印张　150000 字
2019 年 9 月第 1 版　2019 年 9 月第 1 次印刷
ISBN 978 - 7 - 5218 - 0843 - 8　定价：82. 00 元
（图书出现印装问题，本社负责调换。电话：010 - 88191510）
（版权所有　侵权必究　打击盗版　举报热线：010 - 88191661
QQ：2242791300　营销中心电话：010 - 88191537
电子邮箱：dbts@ esp. com. cn）

　　本书是在国家自然科学基金课题"中国新能源汽车企业与商业生态系统的共生创新战略研究"（2011，主持人：黄江明）成果的基础上，汇集宇通、北汽、联想、百度、海底捞、海信、比亚迪7个核心企业案例，基于企业竞争优势理论，从企业生态位、组织双元化、制造能力双元化构筑商业生态优势的视角，结合核心企业发展阶段和中国商业生态环境特征，探讨核心企业构筑商业生态优势。

　　2019年，中华人民共和国国民经济和社会发展第十三个五年规划纲要（简称"十三五"规划）指出：加快建设制造强国，引导制造业朝着分工细化、协作紧密方向发展，促进信息技术向市场设计、生产等环节渗透。实施工业强基工程，支持战略性新兴产业发展，实施智能制造工程，构建新型制造体系实施智能制造工程，构建新型制造体系开展加快发展现代服务业行动，放宽市场准入，促进服务业优质高效发展。将制造强国、战略性新兴产业发展和服务业优质高效发展置于"优化现代产业体系"的高度，并突出其在国家战略中的重要地位。在全面深化改革开放的时代背景下，企业竞争日益激烈。随着信息技术的发明和普及，核心企业作为主导者和创新者，与商业生态系统之间的互动网络化、智能化、社会化和全球化的趋势更加明显。

经历几十年的发展，中国已成为世界制造大国、贸易大国。然而与生产、服务迅猛发展相对应的，则是核心企业的战略定位、组织架构和创新能力的缺乏和不完善。国内学术界与企业界更多侧重于强调相对封闭组织自身的核心能力和竞争优势，不断捕获上下游创新者创造的价值，与其他创新者往往是竞争的关系。

核心企业究竟是如何获得商业生态优势的？国内外大多数学者认为资源基础观、动态能力能够为企业带来商业生态优势。然而，目前为止，核心企业构筑商业生态优势的黑箱子尚未完全打开。核心企业在商业生态系统中如何进行战略定位，又是如何获得商业生态系统的核心资源与动态能力的？这是亟待解决的重要理论课题。因此，寻找适配的理论，遵循创新的规律，探讨现代企业（产业）的发展战略具有重要的理论价值与重大的国家战略意义。它对于中国实现"两个一百年"的战略目标具有重要的基础研究价值。

从整体和长远来看，核心企业的生态位分离、组织双元化和制造能力双元化，有利于与商业生态系统中的创新者之间价值共创、开放共享、互利合作，避免因其过度竞争而带来整体资源的过度消耗，降低交易成本，提高创新效率与效益，给子孙后代留下更多的价值创造和生存空间，特别有利于现代产业的优化升级。

本书通过生态位宽度战略，核心企业生态位分离与产品系列化、生态位重叠与产品平台化创新相互促进，推动企业生态位演化，最终构筑商业生态优势。核心企业组织双元化发展演化的初期，往往产生核心刚性，商业生态优势反而会减弱；在组织双元化构筑"能力延伸"与"能力再构"机制过程中，促使核心企业向更高阶段演化，商业生态优势则会增强。外部环境变化促使核心企业重视发展研发能力，制造能力双元化的层次不同，将系统地影响企业能力演化路径以及能力构筑竞争的差异性。本研究的理论意义主要表现为两个方面：

　　首先，在国内外现有研究中，有关中国本土核心企业构建商业生态优势的研究尚待系统、深入。据中国汽车工业协会统计，2017年中国汽车销售高达 2376 万辆，连续 9 年超过美国汽车销售市场，稳居全球第一大汽车消费市场的地位。[①] 这标志着世界汽车销售市场的重心已从美、日等发达国家转向中国等新兴市场。因此，随着市场重心的转移与技术变革，置身于世界最大销售市场的中国核心企业将如何根据市场与技术的突变，借势构筑商业生态优势？长期观察与解释这一现象本身就具有较高的研究价值。与此同时，为解答上述理论研究问题，中国提供了得天独厚的实验环境与可供观察的丰富的数据源。其研究成果将开拓与发展企业战略新理论，也可期待突破传统企业竞争战略的理论局限。

　　其次，围绕着核心企业生态位战略定位，区分组织双元化和制造能力双元化，本书将核心企业构筑商业生态优势分为两类。核心企业组织变革双元化属于前者，而产品的架构能力、吸收能力双元化则属于后者。探讨组织双元化和制造能力双元化构筑商业生态优势的不同成长路径、特征和模型，将丰富与发展战略管理理论体系。

---

　　① 中国汽车工业协会 . http：//www. caam. org. cn/chn/4/cate_31/list_27. html.

第一篇　核心企业生态位构筑商业生态优势

第二篇　核心企业组织双元化构筑商业生态优势

第三篇　核心企业制造能力双元化构筑商业生态优势

核心企业生态位构筑商业生态优势

战略定位是企业管理的核心问题，企业生态位则是战略定位的核心。近年来随着全球经济一体化，激烈竞争的态势驱使企业生态位分离，企业因此获得竞争优势。当两个生物利用同一资源或共同占有某环境变量时，即产生生态位重叠。然而，没有两个物种能长久占据相同生态位。在商业生态系统中，企业如何基于产品的技术创新和市场特征，选择合适的生态位，是企业由一般企业成长为核心企业的关键所在。

本书对穆尔（Moore）的研究发现，企业的生态位在商业生态系统中呈现如下四个不同特征：（1）完全分离。传统汽车商业生态系统处于第一阶段时，美国福特汽车公司（以下简称福特）选择了与正在流行的交通工具马车不同的生态位；（2）低档车重叠，高档车分离。传统汽车商业生态系统处于第二阶段时，美国通用汽车公司尽管在低档轿车市场与福特汽车生态位重叠，但开发了系列的高档轿车，与福特汽车生态位分离；（3）重叠程度扩散。传统汽车商业生态系统处于第三成熟阶段时，出现了系列企业比如丰田、通用、福特等，其竞争是全方位的，从低档车到高档车的重叠程度越来越扩散。（4）高度重叠。传统汽车商业生态系统进入成熟的第四阶段时，丰田、通用、福特、克莱斯勒等企业竞争十分激烈，生态位高度重叠。

然而，企业生态位的分离或重叠在其商业生态系统是如何存在，又是如何动态演化的？演化的策略是什么？如何构建企业竞争优势？国外学者提出了战略生态位管理、生态位宽度、技术生态位等视角研究企业生态位的发展演变。现有文献研究多是概念性的，尚未系统打开企业生态位选择与演化具体过程的"黑箱"。本研究旨在通过对联想控股股份有限公司、郑州宇通客车股份有限公司和北京汽车集团有限公司三家企业的案例研究，探讨企业生态位空间拓展、生命周期、分离与重叠的模式、演化过程和策略，揭示基于生态位宽度战略构建商业生态竞争优势的过程模型。

第1章

核心企业生态位构筑
商业生态优势理论

1.1　企业生态位的概念

企业生态位概念源于生物学的"生态位"，生态位（Ecological Niche）是一个生物单位占有的物理空间、在群落中的功能作用和在生存条件的环境变化梯度中的位置。汉南（Hannan）和弗里曼（Freeman）首次将生态位概念引入企业研究，描述一个种群和其他所有种群因占据特定资源空间而存在竞争。史密斯（Smith）等认为，突破路径依赖式创新为企业创造一个受保护空间，有效保护企业的转换过程，具有屏蔽、培育与授权的特性。

企业种群占据的特定资源空间称之为基础生态位，种群内的每个企业实际占据基础生态位的一部分或全部，称为现实生态位。相同种群的集合体即某个产业所占据的特定资源空间为基础生态位，而具体到产业中企业所占据的特定资源空间可理解为现实生态位。

企业占据的特定资源空间（企业生态位）与创新相互影响。

1.2　企业生态位的研究视角

对企业生态位的研究有多种视角，主要集中在战略生态位管理（Strategic Niche Management，SNM）。SNM 强调空间保护、用户参与的重要性，它是新技术开发用以创造替代现有不可持续技术的新途径。SNM 是一种演化的方法，用于培育、保护、支持和控制具有持续性收益的创新，是根本性技术创新和克服系统层锁定的工具。SNM 作为演化的原理得到了面向系统转化政策的推崇，SNM 面临如何加速从原始"生态位"向大范围转化的挑战。可持续的动力可以来自生态位转化。

概念生态位管理（Conceptual Niche Management，CNM）是用于扩展可持续性转化管理的方法，定位于社会方面可能比技术试验更紧迫或更相关，应该是 SNM 的补充。CNM 指采用社会—技术系统的可持续转化作为起点、被所有与履行概念相关的行动者执行的社会—技术实验的协调管理。

企业生态位宽度演化导致企业间竞争强度的变化，进而影响企业的竞争优势。企业通常采用专业化（Specialization）和多元化（Generalization）或称专才—通才（Specialist-generalist）两种不同的战略占领生态位。一般而言，随着企业发展和产品品种增多，企业生态位会加宽。企业的生态位越窄，该企业的专业化程度就越高；相反，一个企业的生态位越宽，该企业的专业化程度就越低。

社会认知演化为生态位开发提供了一个重要视角，也解释了具体模型。而 Geels 的研究发现景观—体制—生态位创新三层面相互转化（Transition）。

1.3 企业生态位的分离与重叠

没有两个物种能长久占据相同生态位。汉南（Hannan）和弗里曼（Freeman）提出用"生态位分离"（Niche Separation）、"生态位重叠"（Niche Overlap）和"生态位宽度"（Niche Width）等概念来描述种群间竞争的关系。物种生态位宽度可以理解为物种所利用的各种环境资源的总和。

过度的竞争会导致生态位分离，而多样性是物种避免竞争的一种方法。如果生态位不能提供物种生存所需足够宽度的空间资源，生态位将趋于重叠，进而产生竞争。类似地，如果两个企业为了生存和发展的需要，占用同一种资源或环境变量时，其企业生态位就会出现重叠。

两个生态位完全相同的企业间会发生激烈的竞争和相互排斥。钱言等借用生态位理论对中国企业之间的过度竞争行为进行了分析，认为企业竞争的实质是生态位重叠并引发资源相对不足，企业过度竞争的原因就在于其生态位的重叠。生态位分离的企业比生态位重叠的企业有更大的成功机会。

企业生态位宽度影响企业间生态位分离与重叠的程度，进而导致竞争强度的变化。在自然生态系统中，生物的多样性与物种生态位宽度有关。如果实际被利用的资源只占整个资源的小部分，则这个物种的生态位较窄；如果一个物种在一个连续的资源序列上可利用多种多样的资源，则它具有较宽的生态位。与生物界类似，弗里森和米勒指出，种群内单个企业，在种群生态位中的地位以及所占据的现实生态位宽度，决定着该企业所面临的竞争对手数量与竞争强度。比如，企业的市场竞争越激烈，市场资源越可能被充分利用；竞争淘汰机制使企业的数量低于市场环境的最大容纳量，降低了企业间的竞争强度，允许更多的企业生态位重叠。

第 2 章

宇通案例：生态位分离
构筑商业生态优势

2.1　宇通案例描述*

郑州宇通客车股份有限公司（简称"宇通"）是一家集客车产品研发、制造与销售为一体的大型现代化制造企业①。2015 年公司客车总销量 6.7 万辆（居世界客车行业第一），同比增长 9.15%；全年实现销售收入 418.12 亿元，同比增长 12.1%；净利润 33.3 亿元，同比增长 27.6%。宇通 2015 年新能源客车销量 2.3 万辆，同比增长 76.9%，是世界上第一个节能与新能源客车累计销售过万的企业。②

---

　*　本章资料来源于郑州宇通客车官网. http：//www. yutong. com/news/overseas/；以及笔者在企业的调查资料整理得到。

　①　2012 年建成投产的新能源厂区占地 2100 亩，建筑面积 60 万平方米，具备年产整车 3 万台的生产能力，成为中国客车行业最先进、世界规模最大的新能源客车基地。

　②　资料来源：郑州宇通客车股份有限公司 2015 年年度报告。

1993 年股份制改造以前，宇通是一家年销客车不足 700 辆的小厂，23 年销量增长 87 倍。公司于 1997 年在上海证券交易所上市（代码 600066），是国内客车行业第一家上市公司。宇通客车已取得欧盟 WVTA 整车认证，开始正式进入欧美市场。宇通客车的产品发展经历了四阶段：

2.1.1 阶段 1：从客运拓展到旅游客车

在第一阶段，宇通生态位从客运拓展到旅游客车见表 2-1。

表 2-1 宇通从客运拓展到旅游客车

产品定位演化	时间	典型事件
四款客运客车	1963 ~ 1989 年	宇通主要制造由交通部设计的 JT660、JT661、JT662、JT662A 四款产品
十多款客车	1990 ~ 1992 年	20 世纪 90 年代，调研全国市场需求，开发十多款新产品。其中 ZK6980 中档旅游客车具有欧洲风格的流线型外观，新颖、美观、大方，获得了市场高度认同
ZK6980W 型卧铺客运客车	1993 年	试制出 ZK6980W 型卧铺客车。身为试制车间主任的汤玉祥坐火车出差时受到启发，巧妙地把火车卧铺的概念引进客车中。该车分上下两层合理布置了 25 个卧铺，卧铺长度为 1.85 米，靠背为无极调节式，能坐能躺。为长途乘客提供了必要的睡眠条件和较好的休息环境，深受用户欢迎
六大系列五十多个品种的新型旅游客车和豪华长途客车	1998 年	先后研发了 ZK6120、ZK6980、ZK6920、ZK6700、ZK6100、ZK6670 六大系列五十多个品种的新型旅游客车和豪华长途客车，涵盖高、中、普档；汽油、柴油发动机的产品。形成了生产一代、试制一代、开发一代的产品开发模式。每年新产品占整个销售收入 40% 以上

续表

产品定位演化	时间	典型事件
ZK6100H、ZK6129H 等旅游产品	2004 年至今	ZK6100H 是宇通一款真正从客运进入旅游市场的一个突破性明星产品，首款销量过万的客车。2005 年，宇通推出了全三维设计的 ZK6129H 产品。2007 年，宇通对细分市场识别，推出全系列旅游，客运—旅游双剑系列 ZK6127H/HA 产品

2.1.2　阶段 2：公交客车创新

在第二阶段，宇通从客运、旅游客车中分离出公交客车（见表 2 - 2）。

表 2 - 2　　　　　　　　　　宇通公交客车创新

生态位演化	时间	典型事件
发动机前置公交客车	1964 ~ 1993 年	1964 年和 1965 年，宇通分别生产出 JT660、JT661 球铰通道城市公交车。1996 年前宇通公交客车产品源于客运客车，发动机前置
发动机后置公交客车	1996 ~ 1999 年	学习国外客车的先进技术，1996 年宇通开始发动机后置客车；1998 年，开发 7.2 米、9 米长度的技术难度较大公交产品；1999 年，延伸到二级踏步的、10.3 米、11.6 米长度公交车，技术难度更大
核心部件自制公交客车	2000 ~ 2002 年	2000 年，宇通推出了首款自制底盘中型车 ZK6770H。2002 年，宇通洞察市场需求，推出第一款大马力、发动机后置 11 米车 ZK6115H，当年就形成十几亿元的销售额
小公交	2001 年	2001 年，宇通针对市场需求开始开发小型公交车
合作产品	2002 年	2002 年，和 MAN 合作开发超豪华产品 ZK6120R41，突破了原有造型和性能

生态位演化	时间	典型事件
自主产品	2002～2003 年	2002 年宇通成立公交项目组，引进 MAN 的一款公交产品。以此为基础，2003 年消化吸收形成宇通的 D65 公交系列。宇通消化吸收 ZK6120R41，2003 年形成自己的一款豪华客车产品 ZK6860H，它是第一代 686 的造型。这之前，宇通在外形方面模仿开发较多
特色专用公交	2003 年至今	2003 年以后，宇通专注自主创新，例如北京奥运专用公交，以及机场摆渡车 2009 年，宇通形成中国特色 BRT 产品。2010 年，形成轻量化公交

2.1.3　阶段 3：校车及专用客车创新

宇通专用客车开发从客户需求角度出发，先后推出了商务车、房车、采血车、体检车、救护车、指挥车、工程车、军警车、摆渡车、全铝公交车、教练车、产品展示车、流动图书车、旅游观光车等系列（见表 2-3）。

表 2-3 　　　　　　　　　　**宇通校车创新**

生态位	时间	典型事件
首款校车	2005～2007 年	2005 年，宇通开始校车的市场研究和布局。2007 年 3 月，上海客车展上，展台上一辆名为"阳光巴士"的活泼可爱的学童校车，吸引了记者和参观者的闪光灯，也引来教育部关注，认为宇通客车作为一个企业，能够主动担负起企业公民的社会责任，在众多客车企业中第一个研发出全方位保护少年儿童安全的客车产品

续表

生态位	时间	典型事件
首款专用校车 ZK6100DA	2008 年 至今	2008 年，宇通开发出首款专用校车 ZK6100DA，从研究标准到形成产品历时近三年，时任校车项目组经理说："最困难的是安全需求的定义，现在我们可以对校车安全进行比较清晰的描述，但当校车项目组刚成立时，大家都只有一个概念。"安全的表现形式逐步清晰和具体化的过程，是因为每次与客户沟通都如头脑风暴

宇通专用客车的发展源于客户很多个性化需求得不到满足。传统客车流水线生产过程中，突然到来的订单如房车、指挥车，工人对此类产品的操作熟练度不高。如果投产，量非常小，必然影响整个生产线的效率。然而，宇通分析后慢慢发现，尽管处于萌芽状态，专用客车市场需求非常大。2009 年宇通成立了专用车分公司（事业部），占地 780 亩，特殊需求的车型在这里开发。以房车 ZK5040XLJAA 为例，2012 年 8 月，首次亮相的 2 台房车 ZK5040XLJAA，与宇通低调务实的作风匹配。一黑一白两辆房车虽然车内布局不同，但均是宇通自主研发的 B 型房车。ZK5040XLJAA 房车兼具"旅行"和"商务"的双重功能。整车配置上吸收借鉴众多轿车的设计，将实用性能与先进科技融合，同时满足 6 人乘坐或 4 人生活休息。

2.1.4 阶段 4：新能源客车创新

2007 年，宇通成立了新能源汽车项目组。2009 年，顺应国家新能源汽车发展战略规划，宇通成立独立的新能源事业部，加大了新能源客车的开发力度。2010～2015 年，承担了多项国家"十二五"规划项目、863 项目和新能源技术创新工程。宇通有十几条生产线，其中两条专门用于生产新能源车。在没有新能源订单时，可以正常生产传统（燃油）客车。

为了掌握新能源核心技术，提升整车的可靠性和先进性，新能源事业部最初专门组建了三支团队。一是电控开发团队，负责研发新能源电控系统。目前这支团队已完成电控模块成型产品的开发研制，性能稳定、先进，并具有自主知识产权。二是控制策略团队，由富有经验的技术人员、博士等组成，研发重心在于保证新能源客车部件在不同工作时间保持最佳运行状态。三是电驱动团队，担当着与院校合作的任务。2011 年，部门结构又改为专业组模式：总体组做整车和系统的方案；系统组定各系统方案，尤其是动力系统；车载能源组研发电池、电容等；电控组研究电控技术。

早在 1999 年，宇通开发的一款纯电动车参加了世界电动车大会。2009 年至今，已开发出八十多款混合动力客车，覆盖主要市场需求。

2.2 宇通案例讨论

2.2.1 宇通客车生态位的分离模式

依据宇通案例，本研究归纳提炼出其客车企业生态位分离的模式（见图 2－1）。宇通在汽车生态系统中定位于客车集成商，位于不同群落的企业之间，其生态位与供应商、经销商的定位是分离的。宇通客车生态位从传统客运车拓展为公交、旅游、团体、校车、专用车，以及新能源公交车等物种。宇通客车的生态位与公交、

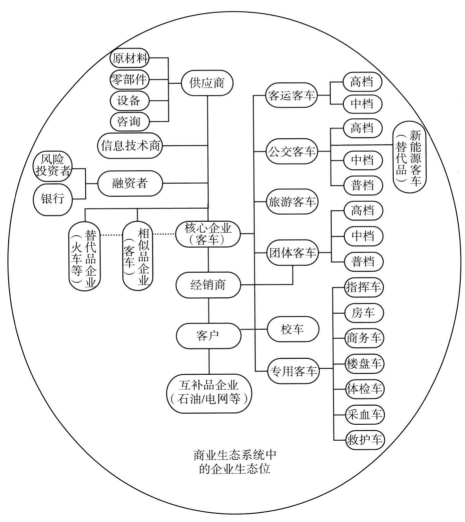

商业生态系统中的企业生态位

图 2－1　客车企业生态位分离的模式

旅游等产品（物种）功能不同，针对不同的客户群落，宇通生产不同产品，其生态位也是分离的。

2.2.2 宇通产品生态位分离的演化过程

宇通产品生态位分离的演化过程经历的四个阶段为：（1）从客车零部件向客车延伸；（2）向旅游客车和底盘（核心零部件）分离；（3）进一步分离出客运—旅游、公交、团体等客车；（4）进一步分离出客运、旅游、校车、专用车、新能源公交客车等生态位（见图 2 – 2）。

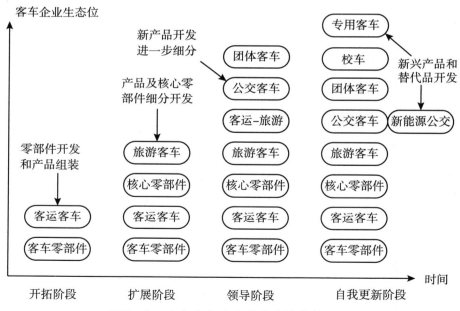

图 2 – 2　客车企业生态位分离演化的过程

2.2.3 宇通案例的创新点探讨

本书结合企业生态位分离，探讨宇通生态位分离的策略、关系模型和专业化战略。

本书从企业生态位宽度、差异性、适配性三个维度，对宇通的生态位演化策略进行探讨（见图 2 - 3）。

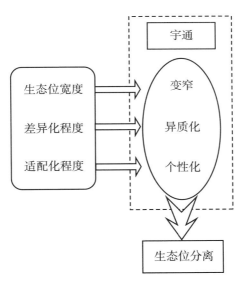

图 2 - 3 宇通生态位分离的策略

随着时间的迁移、市场的变化及企业自身竞争能力的变化，企业生态位宽度会发生扩张或者缩小。宇通倾向于异质化，把新能源客车性能差异化做得很大，以降低竞争程度。

本书推导出企业生态位分离的关系模型（见图 2 - 4）。在图 2 - 4 的垂直方向上，位于不同群落的企业之间，生态位是分离的；同一个企业生产的产品（物种）功能不同时，生态位也是分离的。一方面，沿着供应链，企业可以在供应商、信息技术商、融资者、集成商、经销商、客户、互补品企业等商业生态中选择；另一方面，针对不同客户群体产品用途差异，选择生产不同系列的产品。

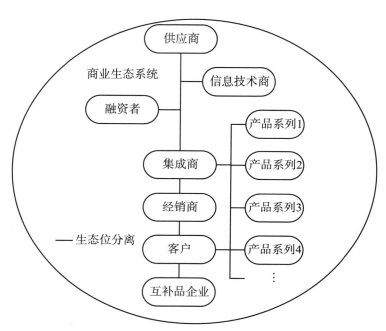

图 2-4　企业生态位分离的关系模型

本书通过宇通案例研究发现：采用生态位专业化战略的企业在占领生态位时，不断寻找新的细分生态位，通过产品系列化的创新，实现企业生态位的分离，从而构筑产品差异化、市场竞争强度低的竞争优势（见图 2-5）。宇通侧重于生态位专业化的战略时，市场竞争强度相对低，目前已实现客车行业销量全球第一。

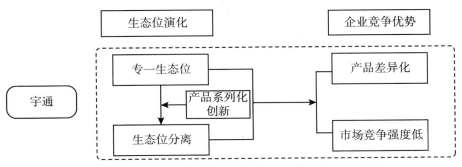

图 2 - 5　企业生态位专业化构筑竞争优势的过程模型

第 3 章

北汽案例：生态位重叠
构筑商业生态优势

3.1　北汽案例描述 *

北京汽车集团有限公司（简称"北汽"），是中国五大汽车集团之一，主要从事整车制造、零部件制造、汽车服务贸易、研发、教育和投融资等业务。2015 年，北汽集团累计销售汽车 248 万辆，同比增长 3%；生产 167.3 万辆，同比增长 10.9%；营业收入达到 3350 亿元，同比增长 7.5%；实现利润 190 亿元，同比增长 12%。2015 年世界 500 强企业排行榜中，北汽排名第 207 位，在全球汽车行业排名第 23 位。

北汽前身可追溯到 1958 年成立的"北京汽车制造厂"。北汽拥有"北京""绅宝""昌河""福田"等自主品牌，并先后引进

---

* 本章资料来源于北汽集团官网 . http：//www. baicgroup. com. cn/；以及笔者在企业的调查资料整理得到。

"现代""梅赛德斯—奔驰""铃木"等国际品牌，汽车整车产品覆盖轿车、越野车、商用车和新能源汽车各个门类。

3.1.1　阶段 1：辅助零部件向轿车仿制延伸

1947 年开始，北汽制造厂主要为军队修理车辆和农机，对抗战缴获的故障军车和拖拉机进行拆装。1953 年，北汽制造厂开始为解放牌汽车及东方红 54 型拖拉机供应化油器、汽油泵、汽缸垫、汽车灯等十几种附件。1958 年，北汽制造厂在大众牌甲壳虫汽车基础上，模仿制造"井冈山"轿车、"北京"牌轿车以及"东方红"牌高级轿车。东方红轿车最高时速达到 125 公里，百公里油耗低至 9.8 升。

3.1.2　阶段 2：越野车及核心零部件创新

1961 年 1 月，北汽制造厂接到国家下达的研发军事指挥用轻型越野车的任务，以"东方红"轿车技术为基础，研制国产吉普车。伴随着外界的质疑，该厂最后确定主要借鉴"东方红"和"嘎斯 69"。两年后，北汽制造厂组织精兵强将，全力开发试制新中国的第一代轻型越野车。到 1963 年 4 月，先后试制出 300 多辆 BJ210 轻型越野车，并于 1964 年 10 月推出了 BJ212。主要技术指标和性能指标均达到设计要求，动力性、燃油经济性等甚至超过了苏联嘎斯 69 的水平。BJ212 还配备了自主改进和制造的 2.5 升发动机。

3.1.3 阶段 3：越野车向商用车扩展

主线上，北汽制造厂与美国汽车公司（AMC）合资以后，中方的话语权有限，只能将合资企业的资源向提升制造水平倾斜，暂时搁置自主研发项目。对于中方曾经设想的联合开发，美方一直反对，所以自主创新几乎处于停滞状态。

辅线上，20 世纪 80 年代初，北汽制造厂在进行市场需求分析时，认为城乡居民需要短途运输的交通工具，因此在 BJ212 的基础上试制了变型车 BJ121。这种小型载货卡车与 BJ212 越野车的通用系数为 88%，便于尽快投产，试生产后受到用户好评。北汽福田在 2002 年下半年造出第一辆"欧曼"重卡，2005 年推出"欧曼奇兵 I 号"重卡，2007 年主推"欧曼 ETX"，近年又相继推出了"欧曼 CTX"重卡系列产品。北汽福田自主研发多款产品，奠定其在商用车领域的优势。

3.1.4 阶段 4：传统汽车和新能源汽车的创新

北汽以"北京"牌乘用车及中高端越野车生产基地、南方经济型轿车和乘用车基地为主体，全面发展自主品牌轿车，包括高端车平台、越野车平台和小型车平台。北汽在传统汽车与新能源汽车的创新参考表 3 –1。

表 3 - 1   北汽在阶段 4 的新能源汽车创新

子公司	生态位	典型事件
新能源公司	纯电动车	完成了多款纯电动车研发，并实现批量生产。2011 年 5 月，M30RB（306 平台）交叉型纯电动车拿到产品公告；C30DB（301 平台）纯电动轿车 2011 年 9 月完成全部公告试验，Q60FB 纯电动车 2011 年 9 月正式投产，即将批量交付试验运行。2011 年 10 月完成了 100 辆车的批量生产，并交付北京市政府、北京市各委办局等试验运行。Q60FB 是基于萨博 93 整车平台开发的一款中高端纯电动轿车，主要面向公务用车、商务用车、警务用车等中高级市场
	强混合电动车	积极推进增程式电动车研发。增程式电动汽车兼具纯电动车节能、环保和传统车续航里程长的双重优点（节油 50%，续航 400km 以上）
	弱混合电动车	301BSG 弱混合动力汽车产品研发。BSG 技术成熟，成本低，可用于用车改造，易推广，对现阶段汽车产业节能减排有重要意义。目前公司已完成小批量 301BSG 样车开发及性能试验，节能效果显著
	核心部件	已开发出 EV - AT、DCM 动力传动装置、动力电池、电机等关键零部件
北汽福田	各种新能源车	福田新能源汽车覆盖公交客车、出租车、卡车、环卫清洁车和多功能汽车（MPV）等领域。从产品规划上，北汽福田所有车型都要有新能源车。技术路线是纯电动、混合动力、燃料电池等，让市场和技术路线实现最佳匹配。北汽福田开发的电动环卫车，新能源公交车

3.2 北汽案例讨论

3.2.1 北汽产品生态位的重叠模式

本书依据北汽案例推导出汽车企业生态位重叠的模式（见

图3－1）。在图3－1的水平方向上，同一类型的企业，生产的产品具有相似性或替代性（物种功能相似），例如汽车集成商之间，汽车与火车集成商（替代者）之间，针对相同的客户群落，企业生态位是重叠的；在企业内部子公司之间，生产的产品相似时，企

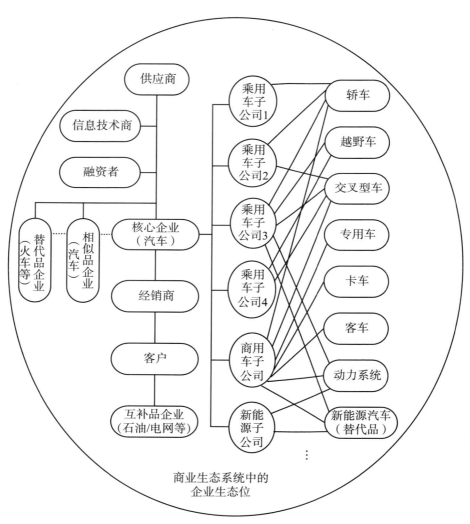

图3－1　北汽企业生态位重叠的模式

业生态位也是重叠的；同一企业生产的传统产品与替代产品（物种功能相似），例如燃油汽车与纯电动汽车之间，针对相同的客户群落，企业生态位之间是重叠的。

3.2.2　企业生态位重叠的演化过程

北汽生态位重叠的演化过程经历的四阶段（见图 3-2）为：（1）轿车从汽车辅件中创生；（2）衍生出越野车和一款发动机（核心零部件），并替代轿车生态位；（3）合资子公司与外资股东在越野车、轿车、SUV、发动机生态位上完全重叠；（4）企业拥有控制权的子公司与合资子公司及其外资股东各车型生态位都高度重叠，并在新能源公交客车、MPV、出租车、卡车、轿车、动力系统等生态位上与传统能源汽车重叠。

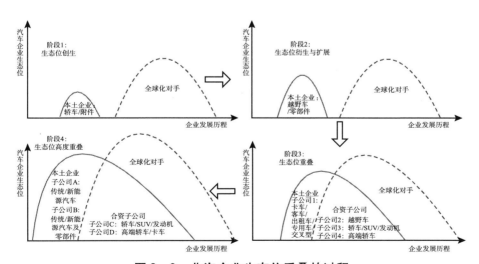

图 3-2　北汽企业生态位重叠的过程

3.2.3　北汽案例的创新点探讨

本书结合企业生态位重叠，探讨北汽生态位重叠的策略、关系模型和专业化战略。

本书推导出企业生态位重叠的策略（见图3－3）。北汽偏向于同质化，新能源公司通过合资合作掌握"电池、电机、电控"三大核心技术资源。宇通通过分析客户的需求价值，进行个性化配置，满足客户的核心需求价值。北汽遵循标准化原则，以求降低制造成本，提高产品竞争优势。

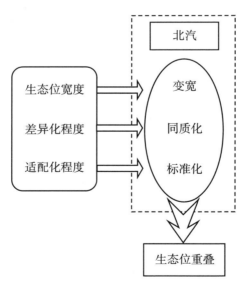

图3－3　北汽生态位重叠的策略

本书推导出企业生态位重叠的关系模型（见图3－4）。图3－4的水平方向上，企业生态位重叠。一方面，在企业层次层面，位于同一群落的商业生态，企业产品具有相似性或替代性（物种功能相似），例如汽车与火车集成商（替代者）之间，企业生态位重叠。另一方面，在产品层次层面，同一企业生产的传统产品与替代产品（物种功能相似），企业可以在同一个系列中选择生产成熟或新兴技术的产品，给需求相似的用户带来产品性能差异化的体验。例如传统与新能源轿车之间，企业生态位是重叠的。

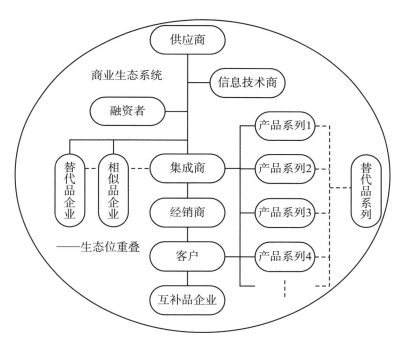

图 3-4 企业生态位重叠的关系模型

采用生态位多元化战略的企业在占领生态位时，企业不断复制已有的生态位，通过产品平台化的创新，实现企业生态位的重叠，从而构筑产品通用性好、产品成本低的竞争优势（见图 3-5）。北汽侧重于生态位多元化的战略，产品同质化严重，市场竞争激烈。

北汽目前还未能进入汽车行业销量全球前十五位。

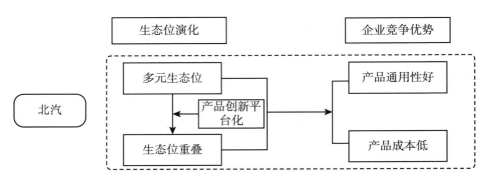

图 3－5　企业生态位多元化构筑竞争优势的过程模型

本 篇 小 结

本篇旨在以宇通为案例研究对象，探讨企业生态位分离的模式、演化过程和生态位专业化战略；以北汽为案例研究对象，探讨企业生态位重叠的模式、演化过程和生态位专业化战略。宇通和北汽伴随中国经济改革与开放，都经过半个世纪的成长，企业生态位都经历了四个发展阶段，但企业生态位宽度、生态位进化过程呈现不同特质。采用专一生态位的企业，通过产品系列化，不断创新出分离的生态位，市场竞争程度降低。而采用多元生态位的企业，通过产品平台化，复制出已有的重叠的生态位，使市场竞争加剧。

本书基于宇通与北汽为案例数据的解读与文献研究，推导出了基于生态位宽度战略构筑企业竞争优势的过程模型。它揭示了企业采用生态位分离或重叠的战略，将导致产品发生系列化或平台化创新。核心企业生态位分离与产品系列化、生态位重叠与产品平台化创新相互促进，推动企业生态位演化，最终构筑商业生态优势。

第二篇

核心企业组织双元化构筑
商业生态优势

组织双元化可以制约或者推动中国企业的发展。笔者长期观察中国企业的高速成长过程，发现中国企业在不断提升竞争优势的同时，依然受制于缺乏核心技术与产品的困惑。这不仅仅是因为新兴市场企业的技术积累时间不够，更重要的是管理模式、产品设计理念与竞争优势等需要进行深刻反思。

一方面，全球互联网正处在快速变革时期，移动通信技术与互联网结合而成的移动互联网被誉为 21 世纪增长最快、最有广阔发展前景的业务领域之一。这为互联网时代的联想、百度等本土企业的兴起与发展带来机遇的同时，也使中国企业面临着战略转型的挑战。

另一方面，越来越多的中国服务企业较好地实现了企业的敏捷性，比如海底捞公司就是以服务至上、宾至如归著称的。面对十分激烈的外部商业竞争环境，海底捞作为一家餐饮服务企业，它不仅快速、准确地抓住了消费者的心理与行为，而且面对市场变化，它还能做出及时反应，生存并发展壮大。

当中国企业的低成本优势伴随劳动力红利逐渐消失后，如何在激烈竞争的环境下生存并取得成功是需要深入研究的命题。国外学者从组织双元化的视角分析了企业绩效增长的源泉，为本书提供了有益的启示与借鉴。但是组织双元化是如何促进企业绩效增长的？商业生态优势如何构筑是不可回避的难题。

第4章

核心企业组织双元化构筑
商业生态优势理论

4.1　组织双元化的概念与特征

组织双元化（Organizational Ambidexterity）指企业在权衡复杂情景时，具备应用两种不同行动解决二元悖论的能力。组织双元化的早期研究认为双元化的企业拥有双重结构，不仅能够校准和有效管理当前的商业需求，而且也具有充分应对未来环境变化的能力。成功企业的思维模式已发生变化，即从选择性思考转变为二元悖论。从技术变化到组织设计等领域，研究侧重讨论企业应该获得应用与探索的平衡。应用是指与细化、效率、选择和实施等有关的行动，而探索则是与搜索、变异、实验与发现等有关的概念。

组织双元化一个重要观点就是组织要同时追求对现有市场/现有能力的开发，并兼顾对新市场/新能力的探索，即便两者之间存在着巨大的利益分配、行为模式和意识形态上的冲突。双元化可以调节环境的不确定性和制造适应性之间的关系，改善制造适应性和公司绩效间的关系。希姆塞克（Simsek）认为双元化体现在组织结构、过程、行为等三方面，具有探索（Exploration）和应用（Exploitation）两种能力。在企业价值链各环节，具备探索（新知识）和应用（旧知识）两类必要的学习能力，强调企业同时拥有通过探索和应用获取高层次的企业绩效，而不是低层次"平衡"。利恩（Lin）和麦克多诺（McDonough）进一步指出，对独立和映射这两种认知风格学习程度，可管理探索和应用型创新。

4.2 组织双元化的模式

组织双元化的模式主要有结构、情境、战略三种：

（1）结构模式。邓肯（Duncan）指出双元化组织拥有机械与有机两种结构。前者用于实施和配置，后者带来创新。企业通过运用机械和有机的组织结构解决二元悖论。机械结构支持效率，依赖于标准化、集权化和阶层化；有机结构支持柔性，具有高层权利下放和自治的特性。

（2）情境模式。整个业务部门同时呈现校准和适应性的行为模式，即情景的双元化。校准指业务部门的所有行动模式保持一致；适应性指业务部门能在复杂环境中重新配置价值链资源，以快速满足变化的需求。

（3）战略模式。两种战略过程相结合对企业最有益，即引导战略过程与应用有关，基于现有知识结构运用于当前战略范围；自治战略过程与探索有关，超出当前战略范围保持创造性。独立的认知风格有利于战略性业务单元内部的学习，而映射的认知风格有利于战略性业务单元间的学习。

过去 15 年，组织双元化的研究呈现爆发式增长。现有文献提供了有意义的启示和基础。但组织双元化如何演化，从而提升企业的商业生态优势？已有文献尚未给出详细解释。尤其对中国核心企业双元化的研究尚不多见。

第 5 章

联想案例：组织双元化
构筑商业生态优势

5.1 联想案例描述[*]

联想集团（简称"联想"）成立于1984年，由中科院计算所投资20万元、创始人柳传志带领10名科技人员创办。联想主要生产电脑、手机、服务器、主板、电视和应用软件等商品。1996年开始，联想电脑销量一直位居中国国内市场首位。2005年，联想完成并购IBM PC业务^①。

---

* 本章资料来源于联想集团2014～2015年报；以及笔者在企业的调查资料整理得到。

① 联想并购IBM PC部门的过程漫长。2002年5月，处于战略转型的IBM开始试探，但联想视之为"天方夜谭"。2003年冬天，IBM看到联想多元化受到严重打击、正寻找突破的时机，再次与联想商谈。同年底，联想派团队去美国初次摸底后，再次派去由行政、研发、专利、人力、财务等数十个部门近百人的精英团队，进行专项研究和谈判。此外，联想还聘请麦肯锡作为战略顾问，全面细致调查评估IBM的PC业务和整合的可能性。2004年初聘请高盛作为并购顾问，安永、普华永道作为财务顾问，奥美作为公关顾问。2004年12月，联想和IBM结束了长达13个月的谈判，对外公布了联想并购IBM PC业务部的协议。交易总额为17.5亿美元，包括6.5亿美元的现金和6亿美元的股票，并承担IBM的5亿美元债务，而IBM占有联想18.9%的股份。并购涉及IBM全球160个国家约1万名员工。联想由此获得了全球160个国家的客户及分销渠道；拥有IBM长期打造的Think品牌和相关专利，及IBM品牌标识5年使用权；拥有IBM在中国深圳的合资公司IIPC（不包括X系列服务生产能力）以及位于美国罗利和日本大和的研发中心。2005年5月，联想正式宣布完成并购。

通过这次以小并大、以弱并强的收购，联想真正实现了全球化，客户遍布全球 160 多个国家。联想以约占全球 PC 份额 7.8% 进入世界 500 强企业①。目前，联想在全球拥有约 6 万名员工，研发中心分布在中国、日本和美国等地。2013 年至今，联想个人电脑销量升居全球第一，联想 2014～2015 财年营业额达 463 亿美元。

5.1.1 公司与事业部级研发的取舍

联想公司创立时，11 名科技人员前瞻性认识到 PC 研发成果转化为产品的巨大商机。设计师倪光南②把即将开发完成的联想式汉卡研究成果带到公司，1985 年，公司推出第一款汉卡产品。联想汉卡取得了十余项技术突破和创新，产品的销售为联想带来了品牌和利润的积累。汉卡成功后，联想在技术上四面出击，朝多元化发展，研发程控交换机、打印机和主板等。

1994 年前后，联想研发项目很多，但一直没有像汉卡那样创造出新的利润增长点，被内部评价为"捡了芝麻丢了西瓜"，此时发生了国人熟知的"柳倪之争"，最终柳传志的"以市场为重"战略战胜了倪光南的"以技术为重"的战略。公司发展由"技工贸"转为"贸工技"，研发也从偏重技术转向以市场为核心。1995 年，公司决定将研发中心合并到各事业部，直接面对市场，以创造效益。联想对 CPU、内存等价值高、降价快的物料采购只保留 1～2

---

① 2014 年《财富》世界 500 强联想排名第 286 位。

② 倪光南从 1968 年开始在中科院计算所参与研究汉字显示器，并开始联想式汉字输入方法的研制。1983 年，他采用 Z80 芯片开发出的"LX－80 汉字图形微型机"已具备联想汉卡的基本功能。为了产业化，他带领科技人员把做好的 LX－80 微机系统浓缩成了汉卡部件。

周的用量①。关键物料快速周转策略使联想产品不断更新换代，推出了性能更好、价格更便宜的机型，于 1996 年摆脱了被动跟随国外品牌降价的局面。

1996 年软件业兴起时，联想研发中心重建，但对于技术如何发展的问题尚不明确。由于与联想的主要市场几乎无关，公司在人力、财力以及核心领导层的关注投入上又严重不足，研发中心变成公司里一座孤岛，两年下来一事无成，1997 年再次被并入子公司。IT 发展一日千里，联想当时却没有一个部门从全局层面看总体技术发展趋势，导致在新产品研发上没有战略部署，没有人对公司的长远发展负责。柳传志发现，仅有事业部层面的研发是极其危险的。这是联想下决心成立研究院、构建两级研发体系的原因。

5.1.2 两级研发组织体系的构筑

经历了早期漫长而痛苦的过程，联想决定采用两级研发的体系，分为事业部级研发和公司级研发两个层次。

（1）两级研发组织。

联想有十多个事业部级的研发机构，搭建了一百多间技术研发实验室，将相关技术成果应用化、产品化。联想各产品事业部主要关注未来 18 个月以内②、市场急需产品的技术研发，均拥有自己的开发团队。事业部总经理紧盯每个产品研发项目，以满足当期比

---

① IT 行业存在著名的摩尔定律，即每 18 个月，集成电路的成本便下降 50%，而性能却提高 1 倍，PC 的物料成本平均每个月贬值 3%，遇到特殊时期贬值速度更快，因此加速库存周转是 PC 行业制胜的关键。

② 18 个月是全新软件系统的研发周期。

较清晰的客户需求，意识到这是带来高利润附加值的有效武器。

1999 年开始，联想研究院、软件设计中心、工业设计中心、板卡设计中心陆续成立，重点关注未来 18 个月至 5 年甚至更长时间的技术。联想公司级研发是一种战略性武器，瞄准前瞻性技术，将软件、工业设计、硬件等领域挖掘的知识、经验和技术传递给事业部，促进技术成果的快速转化。具体体现在关注趋势和客户潜在需求，抢占产业发展的技术制高点。研究院对未来的产业和技术热点进行分析和部署，为公司中长期发展构建可持续的技术竞争力；把技术创新成果与各事业部实现紧密链接，提高业务部门的产品竞争力，或者开拓新的业务领域和利润增长点。

（2）两级研发的平衡机制。

因为联想的两级研发体系有重叠部分，联想成立了产品链管理事业部，负责整个公司级研发和事业部研发的沟通，横跨整个公司的研发协调管理。如研究院的部分研究成果在两三年以后才能变成产品开发，或与事业部的成果产生重叠，将及时组织进行技术转移，甚至将技术和研发人员一起转移，反之亦然，极大地提升了研发效率。

在技术创新成果的转化上，联想非常重视"节奏"，并不是最多、最快就是最好、最有效。科研规律使得真正有价值的技术一般都需要较长期的积累，要做深做透；同时，产业、市场环境和客户需求协同演进上，领先的技术成果如果进入市场的时机不合适，如配套的应用环境不够成熟，或者用户的需求没有跟上，那么成果的转化很难在市场上取得成功。此外，还需考虑全价值链的协同。把技术创新成果成功地转化为市场价值，需要战略、研发、产品、市场、服务等多环节的紧密配合，有时候研发输出的东西太多、太快，反而会打乱其他环节的战略步骤和工作安排。准确地输出有生命力的技术创新成果，才是联想追求的研发"大效率"。

经过不断地转移技术和创新成果，公司级研发支持事业部研发能力不断提升，事业部研发反过来给公司级研发提出的要求也越来越高；这样循环往复，最后形成了两级研发体系的良性互动，不断推动企业整体研发能力的提高。

5.1.3 全球研发三角体系的构筑

（1）挖掘全球创新三角架构的人才优势。

联想并购 IBM PC 业务后，整合了约 2600 人的研发队伍，每年研发投入 3 亿多美元，建立起以中国、美国、日本三地为核心的全球研发团队，形成具有联想特色的全球创新三角体系，与各业务建立了协同创新的链接机制。目前联想协同全球研发资源，已经推出了许多产品，比如 Lenovo 3000 电脑，就是全球研发协同创新的产品。为吸引最优秀的研发人才，联想最关注两点：

首先，联想欣赏并支持各团队做最擅长的事。中国团队每年做一次未来 3～5 年展望，在消费类产品设计上非常受用户欢迎。日本团队特别认真，善于实施、开发，技术产业圈能够精益化。如：有个工程师 20 年做键盘，而且只做键盘，非常了解用户体验。日本团队还承担着涉及电脑质量的研究。例如：大和实验室至少 5 种折磨型的实验，从各个角度猛烈撞击电脑外壳。美国团队善于做方案，PC 架构、软硬件架构能力强，形成了近 200 个国家的产品、技术研发管理、开发流程，具有逻辑性、全面性的人才优势。

其次，为他们的创新提供良好的环境。不但提供良好的薪酬待遇，还让他们的创新成果真正产生市场价值，即产品的大量销售，这是所有研发人员都特别珍惜的。同时，为他们提供上升的台阶。即便不做行政主管，优秀的研发人员也会有总裁般的待遇，但却没有总裁的负担，只需要一门心思做好技术研发。

并购时美国、日本团队中世界顶尖的研发人才到目前为止基本没有愿意离开联想的。且因为联想比 IBM 能盈利，所以原来美日很多离职人员又回到团队中。现在的联想继承了 IBM PC 的团队，因此能够较容易招到有视野、能力、系统性的海外人才，而并购前采用"贸工技"路线时很难招到顶尖的海外人才。而且，联想还利用中国人才成本低、学习能力强、人才多的优势，培养和支持他们深入到核心技术的研发。

（2）联想与原 IBM PC 部门研发冲突与协同过程。

在研发团队融合与协同的过程中，争论和冲突不可避免。第一，联想在中国成功 20 年，而 IBM 是 PC 的创造者，根据各自成功的经验说服对方需要很长时间和大量的沟通。如开发面向中小企业的 lenovo 3000 电脑产品时，对设计、质量和成本的平衡，以及制造流程，都存在很多争论。原 IBM PC 针对的是商用大客户，产品变化得比较慢，对质量的要求非常高，对价格的敏感性低；而原联想主要面向消费者、中小企业，客户需求灵活，变化速度要求快，追求性价比。

第二，文化和背景挑战性大。联想以前做项目只需一个 PM

（项目经理），而原 IBM PC 需要一个 PM 负责流程管理，还需要 TPM（技术项目经理）负责技术管理。联想团队不明白 TPM 和 PM 的分工，而原 IBM PC 团队不理解只有一个 PM 怎么完成任务。原联想在中国一般对部门经理的考核是基于所领导的部门任务完成情况，但 IBM 认为，对个人的考核应该是本人的，不管是经理还是员工。美国团队责权分明，每个人都会做出决策，所有的人都可以发邮件组织会议。日本团队求精，一般不会轻易承诺，但是一旦做出，肯定兑现，并对需求理解和分析特别细致。

融合过程中，新联想关注技术、专利、流程等微观研发活动的协同。各团队相互妥协，相互学习对方的优点和长处，而不是简单否定或拒绝不同的想法。新联想的产品在运作上吸纳了中国的经验和历练，兼顾 ThinkPad 的产品质量管理优点。IBM PC 的集成产品开发（IPD）流程有益提高产品质量，而联想以前的产品研发流程灵活可变，能对客户需求和市场变化做出快速响应。双方通过不断沟通、取长补短，构造出有竞争力、符合产业环境变化和发展的新流程。

新联想重视研发战略及管理，包括文化融合等更宏观和更深入的协同。研发战略始终保持前瞻性，在跨部门、跨地域研发团队的组织架构、管理机制上设计先进。从创新方法、设计理念和思维模式等方面，促进研发人员的面对面交流和东西方文化的相互融合，组织协同取得了较好的效果。

（3）联想研究院打开视野。

联想 CTO 认为："制约研究院发展的最大问题不是资金，而是视野。视野不仅仅在于是否了解行业发展，更重要的在于是否了解全球市场和资源，是否能用好不同地区的人才。"联想并购 IBM PC 业务是联想研究院发展历程的转折，前沿的流程管理理念扩充了视野。联想以前如有创新技术，会直接融入产品，投进市场检验。但引入新流程后会在整个业界进行技术比对，确认创新技术的行业领先性。同时，及时与客户沟通，在早期进行客户验证，确保市场可接受性。

借鉴 IBM PC 业务经验，联想研究院进步很大。联想研究院把双方先进的流程整合成统一、全新的产品创新流程，联想形成的"创新三角"布局具备了全球合作的能力，ThinkPad X300 即是美、日、中合作研发的结果。以前中国团队设计时考虑的仅为中国市场，整合后，产品设计得到提升，可与全球设计第一流的公司竞争，并在全球配置资源保证实现，如要求松下把 X300 的 DVD Driver 从 9 毫米减到 7 毫米，考验了联想调动全球资源的能力。

5.2　联想案例讨论

5.2.1　组织双元化构筑商业竞争优势的过程模型

本研究开始提出的研究问题是探讨组织双元化构筑商业竞争优势的过程、特征与原因。通过集成联想研发组织在三个不同阶段双元化构筑商业生态优势的过程描述，本研究推导出组织双元化构筑商业生态优势的过程模型（见图 5-1），分为四个象限。

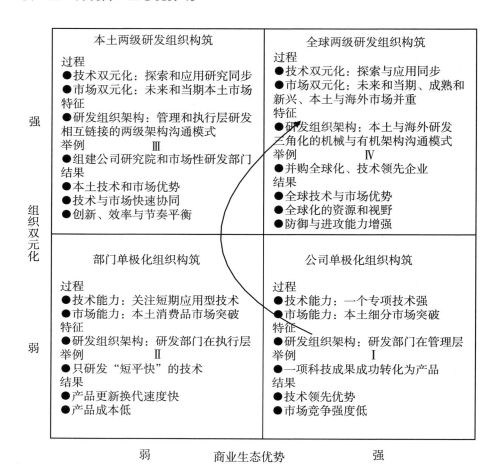

图5-1　组织双元化构筑商业生态优势的过程模型

　　组织双元化过程与特征是：第Ⅰ象限内，某一专项技术强，细分市场上取得重大突破，研发部门位于管理层；第Ⅱ象限内，关注短期应用型技术，本土消费品市场取得重大突破，研发部门位于执行层；第Ⅲ象限内，探索和应用研究同步，未来和当期本土市场需求并重，管理层和执行层的研发部门相互链接与沟通；第Ⅳ象限内，探索与应用技术研发同步，未来和当期、成熟和新兴、本土和海外市场并重，是本土与海外研发有机融合架构模式。可见，组织双元化构筑竞争优势是一个逐步强化的过程，其路径可以是公司单级研发组织—部门单级化组织—本土两级研发组织—全球两级研发组织构筑竞争优势。

组织双元化构筑商业生态优势的过程举例：第Ⅰ象限的竞争优势可通过一项科技成果转化为成功产品获得，例如联想汉卡的成功；第Ⅱ象限的本土市场竞争优势可通过研发"短平快"的技术获得；第Ⅲ象限的本土技术与市场竞争优势可通过组建公司研究院和市场性研发部门获得；第Ⅳ象限的全球技术与市场竞争优势可通过并购和融合国际化、技术领先企业获得。

组织双元化构筑商业生态优势的结果是：第Ⅰ象限内，企业取得了技术领先优势，市场竞争强度低；第Ⅱ象限内，企业取得了本土市场优势，产品更新换代速度快，产品成本低；第Ⅲ象限内，企业取得了本土技术和市场优势，技术和市场快速协同，在创新、效率和节奏上取得了平衡；第Ⅳ象限内，企业取得了全球技术和市场优势，获得了全球化的资源和视野，防御和进攻能力强。

5.2.2 复杂嵌套组织的双元化促进"以小并大"企业的融合

近年来随着经济全球化进程的加快，新兴市场企业并购成熟跨国公司不乏失败的案例。普遍存在的问题是如何融合其全球化所面临的业务、管理与文化等方面的冲突。业内对联想这起"以小并大"并购的走向普遍悲观。然而，联想最终实现了融合，原因在于其复杂嵌套组织的双元化。联想并购 IBM PC后，在国内，仍保持公司和事业部两级研发双元化。在国际上，联想老体系与 IBM PC 体系双元化。这形成一种复杂结构并互相嵌套：

第一，公司和事业部两级研发架构保证了创新、效率、节奏的平衡。两级研发体系涵盖了企业包括基础性技术和应用性（产品级）技术几乎所有的研发领域，同时也囊括了技术成果从基础性研发到产品级应用的各个环节，从而一方面保证了企业在技术领域的长远竞争力；另一方面也保证了技术的随时市场化。

第二，全球创新三角架构保证研发双模式的融合。双模式是指针对大客户的关系型业务（R 模式），以及针对消费者的交易型业务（T 模式）。联想中国团队年轻有冲劲，能融合美日的思想，赢得了速度、效率，消费类产品设计上非常受用户欢迎，擅长 T 模式。美国团队善于设计方案，产品软硬件架构能力强，形成了近200 个国家的产品、技术研发管理、开发流程，具有逻辑性、全面性的人才优势，擅长 R 模式。日本团队认真，了解用户体验，技术产业圈能够精益化，承担着涉及产品质量的研究，善于实施、开发。

第三，双模式在海内外大规模复制。联想在国内复制了 R 模式。2008 年金融危机导致国际上 R 模式业务下滑，联想利润亏损严重。在公司内部，很多国际人士不能理解 T 模式。如最初到亚太区总部新加坡做 T 模式时，该总部既不回应也不同意，联想就派中国团队到印度以及东盟国家一点点地拓展。日本团队一度每周飞往北京，学习如何复制 T 模式。

第四，"保卫＋进攻"战略提升双品牌价值。联想一方面利用IBM 向客户表明联想也将保持这一品牌的高品质，另一方面加强ThinkPad 子品牌，同时推出联想母品牌，更快地打造联想品牌形象。2007 年联想对外宣布 IBM 品牌使用权将于 2008 年提前两年"退休"，联想在全球范围内的标识将全面过渡到 Lenovo。此外，2008 年联想集团发布了面向全球市场的消费电脑品牌 Idea。它们与 ThinkPad 笔记本和 ThinkCentre 台式电脑高端商务品牌相互补充，在中国、美国、法国等 15 个国家和地区同时发布。

第五，全球化的人才架构很好地解决了文化冲突的问题。保留被并购的整个管理团队既可以避免员工的文化冲突，也能够发挥其实力和长处。联想保留了前 IBM PC 的全部管理团队，对于原来归属 IBM 的海外公司，主要仍由 IBM 的老员工负责。联想中国的高管很少"空降"到研发部门，并尽量约束自己的权力。联想尊重并给予美、日研发团队充分舞台，建立他们的归属感与安全感。在语言方面，联想要求以英语为通用语言。

5.2.3 联想案例的创新点探讨

本文基于联想案例，进一步分析得出吸收能力双元化的过程模型（见图 5－2）。吸收能力指企业在创新情景下和学习过程中识别、吸收、应用外部知识的能力。本文从知识和边界跨越的维度对吸收能力进行分析。知识是指企业拥有的一套技能、知识和经验，由企业先前知识库、知识检索积累的经验和员工个人的技能决定。边界的本质是组织与它周围环境之间的界限。

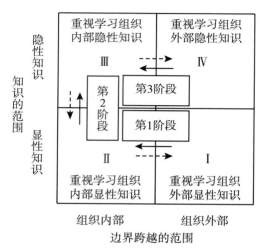

图 5－2 吸收能力双元化的过程模型

在显性和隐性知识方面：显性知识包括机械设备、产品和工艺设计、部件说明书、工作指南、质量控制和标准、书面文件等；而隐性知识则指员工技能、嵌入式的生产和管理系统、组织文化、其他隐性因素等。在组织内部与外部边界方面：内部边界在垂直方向上主要体现于组织内部的等级制度，水平方向上存在于组织内的不同职能部门、不同产品系列或不同经营小组之间；外部边界是组织与供应商、顾客、政府管理机构及社区等外部环境的隔膜。

组织通过内部或者外部的边界跨越，可以降低获取显性与隐性知识交易成本。在图 5－2 的两个维度中，第 Ⅰ、Ⅱ、Ⅲ、Ⅳ 象限可分为四种类型的吸收能力。联想个人电脑知识实现了组织外部→组织内部，显性知识→隐性知识的积累和扩散（图 5－2 实线箭头方向所示）。可见，联想重视学习组织外部的知识，与具有"嵌入式知识"的企业通过跨国并购方式，实现知识"编码化"，将其应用于企业内部。

　　然而，如图 5 - 2 虚线箭头方向所示，联想以及大部分中国制造业企业不重视组织内部→组织外部，隐性知识→显性知识的积累和扩散，以快速提升其内外部整个创新生态系统的竞争水平。而日本制造企业比如丰田，却强调知识的积累和扩散，重视将个人的、"隐性的"知识在组织内部不断"显性化"（如显性与隐性知识间的对话过程）、"编码化"（如与具有嵌入式知识的企业合作），并快速转化为集体的共享知识，并向整个供应链分享。因此，中国制造企业需要向组织内外部扩散隐性知识，从个人到集体的共享，从应用到探索的切换，并使之在图 5 - 2 的四个象限不断地循环改进，形成其他企业和创新生态系统难以模仿的可持续创新能力。

第6章

百度案例：组织双元化
促进企业战略转型[*]

6.1　百度案例描述^{**}

　　百度（BAIDU）成立于2000年，以"让网民更便捷地获取信息，找到所求"为使命，从创立之初的不足10人发展到2015年6月员工超过35000名，用户超过5亿，每天为超过1亿用户提供搜索应用服务，每年为超过450000名客户提供营销服务，在搜索领域占有超过七成的中国市场份额。该公司业务体系分为：两大业务群组（搜索和前向收费）、三大事业部（移动云、LBS^①、国际

---

　　* 本章资料来源：百度网：http：//home. baidu. com/home/index/baidu_road；以及笔者在企业的调查资料整理得到。

　　** 欧阳桃花，曾德麟，崔争艳，翟宇宏．基于能力重塑的互联网企业战略转型研究：百度案例［J］．管理学报，2016，13（12）：1746－1753．

　　① 基于位置的服务（Location Based Services），它是通过电信移动运营商的无线电通信网络或外部定位方式（如GPS），获取移动终端用户的位置信息（地理坐标），在地理信息系统平台的支持下，为用户提供相应的增值业务。

化）、两家独立子公司（去哪儿[①]和爱奇艺[②]）。

6.1.1 移动互联网组织单级化战略转型受挫

伴随智能手机的普及与运用，互联网正步入以 PC 为终端转变为以手机为终端的移动时代。百度高层意识到移动互联网时代的悄然到来，在 2009 年百度技术创新大会上首次宣布移动互联网战略转型。鉴于谷歌强势进入手机领域并主导安卓（Android）操作系统，百度决定从手机操作系统入手进行移动互联网战略布局。与曾在手机操作系统市场占垄断地位的塞班（Symbian）成立联合实验室，共同推动无线"框计算[③]"技术在塞班平台架构上的开发、集成和落地。但移动互联网领域瞬息万变，安卓操作系统的日益壮大与苹果系统的横空出世，迅速瓜分了智能手机系统的市场份额，塞班手机操作系统的没落，使百度移动互联网战略的初次布局便遭遇滑铁卢。

百度把战略重点从手机操作系统的布局转移到做自己最擅长的事——搜索产品，决定沿用 PC 互联网思维，将企业战略定位调整到移动搜索领域。通过和其他企业合作，将百度移动端的所有产品植入到移动搜索中。例如，新浪微博的移动端、UC[④] 浏览器以及

---

① 去哪儿，2005 年 5 月由庄辰超与戴福瑞（Fritz Demopoulos）、道格拉斯（Douglas Khoo）共同创立，2011 年 6 月 24 日，获得百度战略投资 3.06 亿美元，百度成为去哪儿网第一大机构股东。

② 爱奇艺，原名奇艺，2010 年 1 月，百度宣布组建独立视频公司，旨在为用户提供更丰富、高清、流畅的专业视频服务，龚宇任 CEO，2010 年 4 月 22 日，爱奇艺正式上线。

③ 框计算（Box Computing）用户只要在"百度框"中输入服务需求，系统就能明确识别这需求，并将该需求分配给最优的内容资源或应用提供商处理，最终精准高效地返回给用户相匹配的结果。

④ UC 优视科技有限公司，是中国领先的移动互联网软件技术及应用服务提供商。公司于 2004 年创立，是中国第一家在手机浏览器领域拥有核心技术及完整知识产权的公司，2014 年 6 月 11 日，UC 优视并入阿里巴巴集团，成为阿里巴巴集团旗下全资子公司。

百度各个无线产品都内置了百度搜索，但是用户却不太使用百度移动搜索。因为在移动互联时代，信息获取主要是通过 APP① 来完成，而 APP 相对闭环，无法通过搜索来获取。因此，百度移动搜索的量级始终无法成长，企业种种努力也无法达到 PC 时代的效果。

从 2012 年 10 月开始，包括杰富瑞、瑞士信贷、花旗集团等多家机构纷纷下调百度信用评级，百度股价从 2009 年时的 150 美元降至 100 美元以下，外界普遍质疑百度难以再现 PC 搜索的辉煌。

6.1.2 移动互联网组织双元化战略转型崛起

第一次战略转型受挫之后，百度花了大量的精力研究"破局"之道。百度分析移动互联网的技术与市场的特点，发现百度虽然占据国内近八成移动搜索市场份额，但由于在移动互联网时代用户获取信息的渠道非常多，例如社交圈分享等，同时各种 APP 能够为用户提供社交、娱乐等多方面的专项服务与信息，用户对百度移动搜索的使用频率不像 PC 时代那样频繁。换句话说，在 PC 互联网时代，用户获取信息主要依靠搜索引擎，而移动互联网时代，用户获取信息不必仅仅依靠移动搜索，而是多渠道的。因此，百度移动互联网战略布局聚焦于移动搜索也实现不了 PC 时代的效果。

痛定思痛之后，百度认为移动互联网时代存在其他重要的入口②，即移动应用分发入口。为了快速获取移动分发的市场份额，

---

① 应用程序，Application 的缩写。
② 入口是指用户寻找信息、解决问题的方式，成为入口意味着获得巨量的用户。移动互联网到今天，已经形成了四个主要的入口：应用市场、浏览器、超级 App 和手机桌面。

百度全资收购分发技术已经相对成熟的 91 无线公司，加强在移动应用分发方面的入口功能。隶属 91 无线的 91 手机助手是安卓平台上最大的应用分发平台之一，百度收购 91 无线，再加上自身的百度手机助手，迅速成为国内首个日均分发量破亿的移动应用分发平台，稳居行业第一。移动互联网时代用户需求是信息＋服务。百度在链接人和服务方面是短板，通过收购市场服务口碑良好的糯米网（团购类网站），与自身的 LBS 地图业务合并，打造基于地理位置的 O2O① 布局，延伸已有的技术服务能力。同时百度还提供转账、付款、缴费等金融相关业务，旨在让用户在移动时代轻松享受搜索、预定、支付完整的商业服务，一站式的支付生活。在收购外部企业的同时，百度整合已有技术，将自己的搜索强项与移动互联网的特点相结合，打造"移动搜索＋应用商店"的双重分发模式，抢占移动互联网入口。

连接人与服务是移动互联网时代的商业基础，为更深层次地满足这一需求，百度高层认识到除了利用已有技术或市场快速推出相关产品与服务外，还需要对未来的前沿技术进行深入探索。因此，百度成立硅谷研发中心，引进人工智能领域顶级学者吴恩达，并任命其为百度首席科学家，不断推进自身技术的创新，尤其是在大数据与深度学习等关键领域的技术突破。

截至 2014 年 12 月 31 日的第四季度财报显示，百度股价回升到 200 美元以上，年度总营收同比增长 53.6%，其中移动搜索的流量与收入也首次超过 PC 端，移动收入在总营收中占比达 42%。

---

① O2O 即 Online To Offline（线上到线下），是指将线下的商务机会与互联网结合，让互联网成为线下交易的前台。

6.2 百度案例分析

百度布局移动互联网战略可分为两个阶段，第一个阶段布局塞班手机操作系统与用 PC 互联网思维做搜索产品，企业战略转型遇到挫折，股票价格急剧下降。第二个阶段全面分析移动互联网的市场与技术特征，从移动应用分发入口布局战略，初步取得转型的成功。对百度的二次战略转型，本研究基于能力重塑视角，有如下三点分析：

6.2.1 组织单极化的能力刚性阻碍互联网企业战略转型

PC 互联网与移动互联网的用户需求、信息载体、技术特征与商业模式不同（见表 6-1），外部用户需求与信息载体的变化是推动企业战略转型的关键驱动因素。PC 互联网与移动互联网的技术特征与市场需求不同，PC 互联网用户主要依靠搜索产品获得技术，而移动互联网的用户获取信息的渠道技术多元化，即使依靠搜索产品，也不仅仅是 PC 时代的文本搜索，而更注重语音与图片搜索。因此，虽然在 2011 年 9 月举办的百度世界大会上，"易平台"① 项目正式亮相。当时百度希望运用 PC 时代积累的技术优势开发而成的"易平台"能获得移动互联网的竞争优势，然而因为用户习惯

---

① 易平台是一个整合了百度核心技术及服务的智能终端软件平台。

等问题，该项目的效果却不如人意。可见，百度将 PC 互联网时代所积累的核心搜索技术能力简单复制到移动互联网时代，难以满足用户需求。此外，百度简单复制谷歌的战略转型模式，对手机操作系统进行战略布局，但百度没有预测到未来的手机操作系统是由安卓与 ISO（苹果）系统主导，而诺基亚主导使用的塞班手机系统已经落后。因此，百度在 2009 年与塞班成立联合实验室开发塞班手机操作系统，即把功能手机的操作系统复制到智能手机上，也注定不能成功转型。

表 6 – 1 百度在 PC 互联网时代与移动互联网时代区别

阶段	PC 互联网时代	移动互联网时代
外部驱动	用户需求	
	1. 及时获取全面而准确的信息 2. 相对固定的时间、地点	1. 获取信息的同时，强调服务与个性化体验 2. 任意时间、地点享受服务，呈碎片化趋势
	信息载体	
	1. 设备移动性弱，以 PC 终端为代表 2. 交互界面较为复杂	1. 设备移动性强，以智能手机为代表 2. 交互界面较为简单
内部特征	技术特征	
	1. 文本搜索技术 2. 信息整合技术	1. 语音及图片搜索技术 2. 云技术、大数据挖掘与人工智能技术
	商业模式	
	1. 为用户提供免费的信息获取平台 2. 为客户提供广告平台和增值服务	1. 为用户提供免费的完整服务链 2. 为客户提供广告平台和增值服务

当外部环境发生变化时，组织如果无法恰当调整自身的能力结构，原有的核心能力会转化成核心刚性，阻碍组织有效实施战略转型。百度在 PC 互联网时代积累的核心能力（搜索引擎技术）没有结合移动互联时代的技术与市场特征，简单的、强制的复制阻碍了百度首次移动互联网战略转型，造成核心能力刚性的原因主要是组织认知凝滞与组织能力的简单复制，如表 6－2 所示。

表 6－2　　　百度组织单极化能力刚性阻碍移动战略转型的过程与结果

能力刚性		数据支持
过程	组织认知凝滞	智能手机屏幕这么小，大家不会频繁使用的……当时觉得手机这个东西不行，速度慢还很贵……现在想来，第一次转型时，我们意识得太晚了 移动互联网时代来得太快，我们显得有点准备不足
	能力简单复制	刚开始多是沿用原来用 PC 时代的思路，没想到 PC 产品转到移动上竟有这么多坑你需要填 PC 上的搜索移植到手机上很简单，没什么不同，只不过是屏幕小一点、速度慢一点而已 刚开始，公司更多还是 PC 时代的想法，文本搜索技术简单的植入到移动端……然而用户的使用习惯不再单纯是文本搜索，同时 APP 技术相对闭环的特性，使得百度难以抓取这部分信息
结果	首次转型受挫	当时业界普遍认为百度移动搜索无法再现 PC 搜索的辉煌 包括花旗集团在内的多家机构纷纷下调百度信用评级，股价持续下跌，甚至有人预测百度未来可能会跌破 70 美元（之前最高是 158 美元）

首次布局移动互联网战略时，百度沿用 PC 时代的战略思维，既没有意识到移动互联网会迅速来临，也忽视移动互联网与 PC 互联网的差别。恰如李彦宏回忆的："刚开始觉得手机网速不行，资

费又贵，就认为在手机上用搜索一定是非常不好的体验……"。

这种认知凝滞会使决策者忽略环境变化的信息或者错误地理解信息的含义，也导致百度把 PC 时代的核心能力——文本搜索技术简单地植入到移动端，而不了解移动互联网时代用户的获取信息的渠道变化。APP 技术相对闭环的特性，使得百度难以抓取这部分信息，甚至由于屏幕的变小，用户更多依赖于语音搜索而非文本搜索。

6.2.2 组织双元化构建能力重塑机制

核心企业的组织双元化牵涉产品、服务、市场、技术或者战略目标的双元化，本质上意味着企业要对现有的能力结构进行重塑。首次移动战略转型遇挫后，百度对移动互联网时代的技术与用户需求特征进行了系统分析，认为能力重塑是企业战略转型的关键因素。能力重塑存在多种机制，本研究遵循"驱动因素—过程机理—形成结果"的逻辑分析百度案例，发现它存在能力延伸与能力再构两种机制。组织如何构建能力重塑机制，已有文献认为认知因素在组织能力重塑中扮演重要的作用，因为它影响能力重塑的行动选择，并在很大程度上决定组织是否能够适应环境，实现成功转型。所以，本研究试从组织双元化探讨能力重塑机制。

（1）基于"驱动因素—过程机理—形成结果"的能力延伸机制。

本研究把企业将已有的技术或市场能力延伸到新领域后，组织能力更趋完善的行为，称之为能力延伸。驱动百度能力延伸的主要因素是效率与时间压力。为了快速提高百度在移动应用分发渠道上的短板，与弥补初次战略转型的失策，并避免竞争对手对移动分发市场份额的进一步蚕食，百度不惜花费19亿美金并购了当时最大的应用分发平台——91无线，从而迅速成为国内首个日均分发量破亿的移动应用分发平台，稳居行业第一。关注行业成熟技术与市场份额的组织行动，属于整合已有技术或者业务为主的利用式学习。

在上述的组织认知指导下，百度一方面整理企业内部已有的知识，开发新的产品。如利用PC时代核心搜索引擎技术，结合移动互联网时代用户需求特点，开发出一款桌面搜索与服务工具——百度桌面[①]。该产品颠覆了用户原先对于PC的操作体验，打造出一个开机即显、一键即用的超级入口，让用户重新发现PC的美好。另一方面百度也积极实施一系列并购活动，如收购91无线；兼并国内领先的团购网站——糯米网；收购视频网站PPS成为其旗下爱奇艺公司的子品牌等。能力延伸为百度的战略转型带来了相应的结果，这些结果可以从能力类型、潜在优势与可能风险三个方面来分析（见表6-3）。

表6-3　　　　　百度能力延伸式重塑机制的相关数据支持

	能力延伸重塑	数据支持
驱动因素	效率主导	收购91无线，百度可以快速弥补移动应用分发渠道短板，这是当时最有效率的选择
	时间压力大	竞争对手在也在抢移动入口，加之之前的百度的移动布局较慢，留给百度的时间不多了，收购无疑是一个以金钱换时间的选择

———————

① 桌面百度是百度官方出品的一款桌面搜索与服务工具，旨在为用户打造极速、智能、个性化的搜索体验。

续表

	能力延伸 重塑	数据支持
过程	组织认知	分发技术是成熟的技术，百度需要在短期内获取中国移动互联网市场的入口话语权，收购91是当时最有效率的选择……收购糯米网，会使百度能力的触角延伸到O2O领域 为了打造双重分发模式，我们需要进行一些布局……比起自己慢慢的发展，并购有潜力的公司，是更加稳妥高效的方法
	组织行动	我们要利用百度拥有的技术基础，开发出更多符合移动互联时代的特点的产品……百度桌面等就是成功的例子 收购91无线，打造搜索、分发双入口……全资收购糯米网，全力布局O2O业务……投资控股去哪儿网并顺利上市，敲响百度向全领域进攻的战鼓
结果	能力延伸	收购的公司有很好的运营团队，与开发者关系维护很好，这是百度没有的。收购之后，形成很好的整合协调能力
	潜在优势	收购91无线之后，百度分发能力迅速跃居市场第一，坐稳头把交椅 糯米网是国内领先的团购网站，稳居行业前五，前景很好
	可能风险	收购的91手机助手与原先的百度手机助手，在产品功能上高度重合，存在冲突与排斥的风险 百度花了19亿美元收购91无线，这大大超出了91无线的市值。这在当时绝对算得上天价的收购案了

综上所述，基于驱动因素、过程机理与形成结果的分析框架，发现百度能力延伸的重塑机制如图6-1。

（2）基于"驱动因素—过程机理—形成结果"的能力再构机制。

本研究把以探索新技术或新市场为主体的能力培育行为，称之为能力再构。驱动百度能力再构的主要因素是创新。在组织认知层面上，百度关注是行业前沿技术及长期的市场前景。

正如李彦宏所述："任何技术的突破创新都让我感到兴奋，因为百度又能在前沿技术上更进一步……"他还曾说："技术是百度的信仰，只要是关键的前沿技术，我都愿意先投入。"

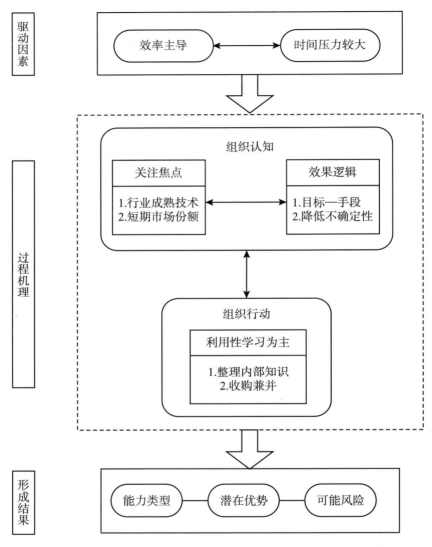

图 6 - 1 能力延伸重塑机制的驱动因素、过程机理与形成结果

在这样的组织认知指导下，百度一方面进行全球的人才引进。例如引进当今全球人工智能领域权威学者之一的吴恩达博士为百度首席科学家，全面负责百度研究院。另一方面与国内外的相关机构

进行联合开发。如与国内知名高校合作成立研发实验室，并在日本、美国等地进行联合项目研发。上述的组织行动是开展以探索新技术与新业务为主的探索式学习。同样，能力再构机制为百度带来相应的变革结果，这些结果也可以从能力类型、潜在优势与可能风险三个方面来分析（见表6–4）。

表6–4　　　　　百度能力再构式重塑机制的相关数据支持

	能力再构重塑	数据支持
驱动因素	创新主导	对于突破性技术创新，我不在乎要投入多少时间与金钱……技术创新永远是这个行业的核心驱动力
	时间压力较小	只要技术重要，我们不在乎花多长时间，1 年、5 年甚至是 10 年都可以
过程	组织认知	移动互联网时代，大数据和人工智能等前沿性的技术更加重要 关于大数据引擎的研发，前两年是投入期，在收入方面公司不会给我下指标，后两年才给指标。在变现方面，我们可以看得更长期的市场前景
	组织行动	引进"谷歌大脑之父"吴恩达，带领百度在硅谷与众多国际化巨头展开短兵相接的人工智能核心技术竞争。 成立业界首个针对移动互联网业务大规模部署的云计算中心……同多所高校建立联合实验室，针对前沿技术开展联合攻关
结果	能力再构	百度在大数据、深度学习、人工智能、图像语音识别等前沿核心技术领域取得重大突破，致力于成为全球的创新中心
	潜在优势	百度语音识别系统击败了包括谷歌和苹果在内的其他技术巨头……人工智能这种技术具有很高的技术壁垒，是其他公司难以模仿的 大数据挖掘等技术与传统行业结合后，能够产生巨大的创新效益
	可能风险	深度学习技术领域的研究还处于早期阶段……人工智能等技术目前距离商业应用还有很长的路要走 百度从 2013 年起，投巨资到前沿技术的开发中，导致短短两年的时间，净利润率从 53%（2012 年第三季度的财报）降低为 29%（2014 年第三季度的财报）

综上所述，基于驱动因素、过程机理与形成结果的分析框架，发现百度能力再构机制如图6-2。

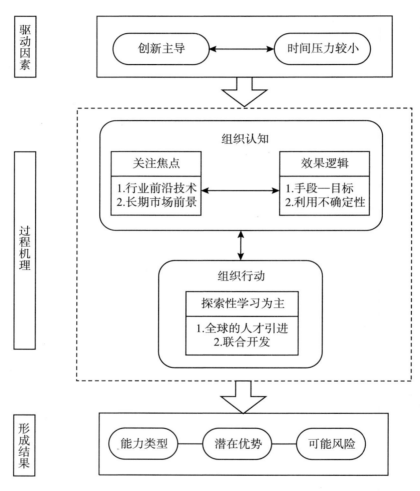

图6-2 能力再构重塑机制的驱动因素、过程机理与形成结果

6.2.3 组织双元化的平衡促进企业战略转型

由于组织认知与组织行动的不同，组织双元化平衡能力延伸与能力再构两种机制，相应形成两种结果（见表 6 - 5）。

表 6 - 5　　　　　　　　两种能力重塑机制的形成结果

形成结果	能力延伸机制	能力再构机制
能力类型	强调技术整合能力	强调技术原创能力
潜在优势	1. 市场成熟，快速获取收益 2. 技术应用风险较低	1. 技术领先者，形成技术壁垒 2. 获得较高创新收益
可能风险	1. 技术匹配性不确定 2. 整合成本高	1. 技术不确定性高 2. 创新成本高

　　能力延伸在组织认知上关注行业的成熟技术与短期的市场份额，在组织行动上则强调利用式学习。虽然该机制常会促进企业早期的成功，但过度的依赖现有知识会导致公司忽视未来的市场与技术变化，最终停滞不前，由此落入"成功陷阱"。而能力再构，在组织认知上则关注行业的前沿技术与长期的市场前景，在组织行动上注重探索式学习。然而，太注重探索也会导致企业运营风险的增加和现有能力得不到充分运用，由此产生"失败陷阱"。可见，两种能力重塑机制在组织认知与行动层面上存在着矛盾性，所以企业战略转型面临着如何处理二者关系。

　　首先，为了平衡两种能力重塑机制，百度先解决组织认知层面的双元化。通过高管团队的统一协调，使其在认知层面能接受两种矛盾的业务与行为，并致力于发挥二者的作用。以李彦宏为代表的百度高层曾表示：2013 年的移动互联网非常像 1999 年的 PC 互联网……一方面，百度致力于持续改进 PC 互联网时代的优势产品，比如根据移动时代的客户需求与使用习惯，进一步完善公司传统的网页检索与网页地图等；另一方面，我们也意识到应该抓住机会进军移动互联网领域，并招聘全球最顶尖的专家，在未来关键的前沿技术上，如图像搜索、大数据、人工智能等领域持续探索。百度的高层团队，在第二次移动互联网转型时，意识到两种能力重塑机制是不可或缺的，平衡两种机制能更好实现百度"连接人与服务"的战略目标。

其次，百度在组织行动上综合运用利用性学习与探索性学习双元化的方法，平衡能力延伸与能力再构矛盾。在组织结构调整上，采用分离方法，将两种相互矛盾的行为方式分离到两个不同的事业部门。2013年起，百度启动了一系列针对移动互联网布局的组织架构调整。例如组建"前向收费业务群组"与"搜索业务群组"，并分别由两位副总裁负责。前向收费业务群组探索全新的业务，旨在为适应用户在移动互联网时代的消费行为变化，培养和抓住未来的市场需求而打造新的业务增长模式。而搜索业务群组是原有的网页搜索部、网页搜索产品市场部、商业运营体系和销售体系重组而成，负责百度传统的核心搜索业务。同时百度还成立可直接向公司高层汇报的百度研究院，主要研究图像识别、人工智能等前沿技术，由科学家吴恩达博士全面负责。可见，百度通过分离的组织结构调整使得企业在组织行动层面有效区分两种能力重塑机制的特点，降低它们在行动方式上的冲突，保持各自的高效性。

最后，百度运用两类重塑机制的双元化，促进二者之间的协调互补。一方面，注重利用创新的能力延伸式重塑会促进能力再构。例如收购糯米网后，使得百度能力的触角延伸到更加强调人与服务的O2O领域，从而促进大数据技术、云计算技术的探索。另一方面，能力再构又推动能力延伸的发展。例如深度学习技术大幅优化了百度的搜索相关度，尤其是传统的长文本查询精度，从而帮助百度更加精准地向不同用户投放有针对性的广告。

6.2.4 百度案例的创新点探讨

本研究发现，百度在组织认知与行动层面上，分别采取统一认知与分工行动的策略，从而实现两种重塑机制的互补协调，最终促进百度的移动互联网战略转型成功，该结论有助于完善不同能力重塑机制与战略转型之间的研究（如图 6-3 所示）。

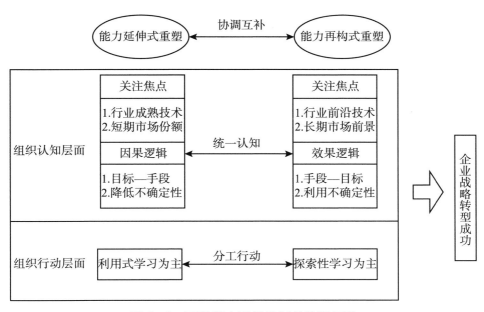

图 6-3 两种能力重塑机制的协调互补

本研究引入组织认知与组织行动的双元化，通过对比百度在移动互联网时代，两次战略转型的受困与崛起过程，深入探讨了传统互联网企业面对的转型障碍以及如何成功实现转型，这不仅将有助于相关理论的完善，还将为中国企业在移动互联网时代获取竞争优势提供有价值的借鉴。本研究全景图如图 6 - 4 所示。

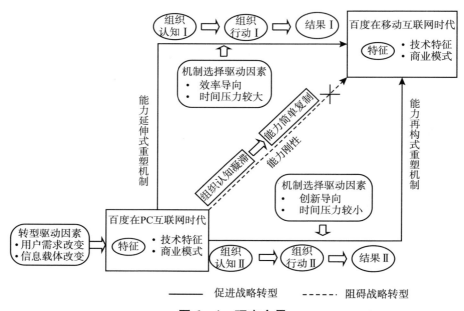

图 6 - 4　研究全景

第7章

海底捞案例：组织双元化
构筑服务敏捷性[*]

7.1　海底捞案例描述

四川海底捞餐饮股份有限公司（以下简称"海底捞"）是一家以经营川味火锅为主，融汇各地火锅特色于一体的餐饮民营企业。海底捞成立于1994年，由四川简阳的单店发展为至2010年在北京、上海、西安、郑州、天津、南京、沈阳、杭州、青岛等城市共50多家直营店，拥有四个大型现代化物流配送基地和一个原料生产基地，并且拓店速度还在加快。2010年，海底捞营业额近15亿元，拥有员工1万多人，总年客流量约2000万人，一家店的日翻台率一般在4~5次，一家旗舰店的年营业额可以到达5000万元左右，一家新店从开店到回本盈利的周期为6个月。海底捞的服务员

　＊　资料来源：海底捞往事：张勇其人. 新浪网［EB/OL］.（2018－09－26）https：//finance. sina. com. cn/manage/crz/2018－09－26/doc-ifxeuwwr8234671. shtml.

每月流动率约 10% ，店经理以上干部基本不流动。[①]

通过对文献的回顾，本研究将调查研究的焦点缩小为组织双元化构筑服务敏捷性的过程和机理。根据调查结果，海底捞发展过程中组织双元化促进服务敏捷性共经历了四个不同阶段：

7.1.1　单店创生阶段：CEO 关注顾客和员工的规范化

1994 年 3 月四川简阳海底捞[②]火锅店正式开业。这家火锅店由张勇的女友、张勇的同学施永宏及女友李海燕共同出资 8000 元，加上张勇共四人各占 1/4 的股份。他们采取家族企业的管理方式：张勇负责端盘子、做底料，施永宏负责收钱、采购，店里每月结一次账；四个人几乎整天都在店里，吃喝都在一起，自娱自乐。这期间，张勇经常开会分析问题、总结经验教训，主要是分析怎么抓客户，如果没有按照张勇的要求做也要开会检讨问题。

开业初的一天，张勇好不容易招揽了一桌顾客，他们对口味连声称赞。等顾客走后，张勇品尝后发现味道很苦，原来是底料的中药放太多了。张勇从中悟出：自己热情周到的服务让顾客不忍埋怨口味，优质服务是海底捞的生存之道。此后，张勇一直想办法提供各种热情周到的服务，尽量满足顾客需求。在如何发动员工提供优质的服务方面，张勇懂得了"把员工当成家里人"的道理。某一年春节前，张勇看到员工在窃窃私语，便突然意识到他们可能是在

---

① 海底捞官网：https：//www.haidilao.com/zh/index/index.html；以及笔者在企业的调查资料整理得到。

② "海底捞"即在四川麻将中自摸最后一张牌和牌的情形。

讨论春节后不回来上班了。张勇便买了一批年货给他们。他们很感动，春节后 9 名员工有 8 名回来上班了。

凭借着能够让顾客感受到家人般的服务、消除顾客的不满意，海底捞的口味和服务不断改善，口味甚至得到了顾客的指点。海底捞开张不到三个月开始排队，而且越做越好。同一个楼的竞争对手都把店卖给海底捞，全县闻名的四知街火锅城逐渐变成了海底捞独家火锅城。1998 年，海底捞还在简阳开了第二家分店，定位于更高档饭店，便于有经济实力的单位与个人的消费，老店则定位于老百姓的消费。这两家店在当地颇有名气，连市长、擦皮鞋的人都认识张勇。

7.1.2　连锁直营阶段：高层授权经理与规范化其行为

四川火锅在口感上讲究麻和辣，各家店的口味差异不大，并且火锅经营相对粗放、门槛不高、竞争异常激烈，所以海底捞直到 1999 年才走出简阳，在西安市雁塔区开出了第一家分店。西安第一家分店经营成功后，海底捞开始陆续在西安、郑州、北京、成都、上海等地复制西安雁塔分店的模式。1999～2005 年，海底捞还建立了师带徒的员工培养模式、轮岗式的员工晋升通道，在薪酬、福利等各方面尊重与善待员工，建立了真正公平公正的过程和结果考核体系。

（1）授权西安雁塔分店经理。

简阳第二家分店开业时，来了一位在西安做医疗器械的朋友，他和张勇商议都认为西安餐饮水平不高，火锅店有利润空间，于是，1999年4月两人合资的西安分店开张。起初海底捞的火锅并没引起西安人的太多注意。海底捞经营4个月持续亏损。已跟随张勇3年多的杨小丽当时21岁，在张勇看来她很泼辣能干。杨小丽在张勇的全权委托下放手一搏，不时送些小礼品给顾客，把当初张勇用过的特色服务全部用上，两个月后西安分店扭亏为盈，生意越来越火。杨小丽还提议海底捞要建立自己的物流配送基地。2003年，西安物流配送基地开始建立。

（2）规范化直营模式：全面内生增长的直营店。

火锅企业连锁经营分为加盟和直营两种。加盟经营方式虽然能给企业带来品牌迅速扩张和资金积累，但加盟店的管理水平不一，菜品质量良莠不齐，加上总部对加盟店的管理控制跟不上，将导致品牌形象大打折扣①。因此，海底捞一直采用直营模式进行扩张，严格限制加盟店的要求。海底捞对开分店一直很谨慎，一定是把人力资源做好后，才考虑开店的问题。例如，新店开张时一定要配备1/3的老员工。这维护了海底捞品牌形象和自身利益。

（3）规范员工培养模式：师带徒与轮岗制度结合。

海底捞采取各种各样的措施，帮助新员工迅速融入群体，了解企业文化。如员工入职首先就参加3天简单的培训，主要讲基本的生活常识和火锅服务常识。这使他们很快地融入到十几到二十几人的小集体中，每个新员工都有一个师傅传帮带。

保持员工工作新鲜感和流动性。海底捞营运部门大部分岗位的

---

① 加盟经营一直是火锅企业发展的重要方法，内蒙小肥羊、秦妈等企业2005年之前加盟店的比例均为95%以上。而呷哺呷哺、海底捞、一尊黄牛等火锅企业吸取了同行的经验和教训。目前，呷哺呷哺全国116家店全部为直营店、海底捞全国50多家店全部为直营店，一尊皇牛全国72家店，40家为直营店。

性质是比较单调的重复劳动，比如传菜、洗菜、接车等岗位。每个岗位都被拆分成了一个个小的工作任务，工作内容都可以在操作手册中看到，定义非常精细。但是，这样细琐的工作时间长了，难免让人产生厌倦感。海底捞的员工可以在一个工作组内，比如传菜组内的水果房、油碟房、洗毛巾、洗杯子、传菜等自由调换，还可以经过店经理（店长）的同意跨组调换。员工可以获得新鲜感和更多的技能，工作内容被扩大化，员工会更有成就感。

同时，轮岗和晋升相匹配。从很多岗位的晋升条件中可以看到，通过轮岗掌握多方面的技能是必要条件。海底捞所有员工（除工程师等个别岗位员工外）要想得到晋升，就必须在其他岗位轮岗，得到各岗位的"合格证"。"我在轮岗时曾经做过小吃师傅，当时其他小吃师傅都不认识我，把我当作小妹妹看，他们对我很好，突然有一天上司宣布我成为店长，他们都惊呆了。"一位年轻的店长说。

（4）授权与规范化的薪酬与福利制度。

海底捞在扩张过程中，始终把尊重与善待员工放在首位，主要做法有四方面：

第一，提供具有竞争力的薪酬和福利来吸引、留住员工，建立长久的劳工关系。海底捞的员工90%以上来自农村，打工的最初目的是为了养家糊口，让家人过上好生活。为此，海底捞的薪酬属于宽带薪酬，员工大致通过三条晋升路线升职[①]使得基本工资升

---

① 一是管理晋升途径：新员工—合格员工——一级员工—优秀员工—领班—大堂经理—店经理—区域经理—大区经理—副总经理；二是技术晋升途径：新员工—合格员工——一级员工—先进员工—标兵员工—劳模员工—功勋员工；三是后勤晋升途径：新员工—合格员工——一级员工—先进员工—文员、出纳、会计、采购、物流、技术部、开发部—业务经理（海底捞内部资料，2010）。

高。如果不升职，也可以通过在自己的岗位上努力工作，获得较高的级别，使得基本工资升高。只有普通员工才可以参加先进、标兵、劳模、功勋员工的评比，领班以上的则不允许参加。这样就可以实现做得好，同样可以拿到低岗高薪，做到了宽带薪酬。比如一位从事收银员岗位的员工，如果表现出色，可以得到功勋员工的工资级别，其基本工资可能比客户经理还要高。而且，所有岗位除了基本工资，还有浮动工资与奖金，作为对员工良好工作表现的鼓励。

第二，实行"员工奖励计划"。从 2003 年 7 月起，给优秀员工配股，以西安东五路店作为第一个试点分店，规定一级以上员工享受纯利润 3.5% 的红利。2005 年 3 月，又推出第二期"员工奖励计划"，以郑州三店作为员工奖励店给优秀员工配股，并且经公司董事会全体董事一致同意，从郑州三店开始计算，公司每开办的第三家分店均作为员工奖励计划店。

第三，员工宿舍家庭式管理。管理人员与员工都住在统一的员工宿舍。并且规定，必须给所有员工租正式小区或公寓中的二、三居室，不能是地下室，所有房间配备空调、电视、电脑，步行 20 分钟能够到达工作地点。宿舍有专人管理、保洁。员工的工作服、被罩等也统一清洗。若是某位员工生病，宿舍管理员会陪同他看病、照顾他的饮食起居。

（5）绩效考核规范化。

海底捞的绩效考核是行为导向的考核。如在对小区经理的考核中，其中一项指标是激励下级执行例行工作制度、流程的能力，即能否使下属加速行动起来，承担起看似不能完成的任务，对制度、流程执行情况是否有拖延推诿现象的检查。这种过程化的考核，有利于促进上级和下属之间的互动、"公平公正"文化的传播。上级会更多的采用"走动式"管理，比如到基层，给予下属员工更多指导、一对一的培训，改进流程制度上的缺陷，而不是坐在办公室。

海底捞的考核指标设计符合海底捞的内生式培养人才的需要，它驱使干部有意识地关注和培养后备干部。比如对店经理的考核指标中，不仅包括业务方面量化的考核指标，如"翻台率"，还包括"所辖区的员工成长情况"，具体来说，对于任职满 3 个月以上的一级店经理考核的指标为：其所辖区二级以上员工标准达到 80%，一级以上员工占 30%，先进员工占 10%，一级领班人数不低于领班总数的 20%，培养一名有潜力的后备店经理。对大堂经理的考核亦如此。

7.1.3 精细化运营阶段：授权与规范化员工服务与企业软硬件投资

2006～2009 年，海底捞不断复制优秀店面的扩张过程中，形成了一整套超五星级顾客服务流程，通过拓店制度改革解决人力资源匮乏的问题，完善了物流配送体系实施品质控制，并运用 IT 改善管理流程。

（1）员工超五星级顾客服务流程的授权与规范化。

海底捞员工对顾客以照顾和关怀为目的的服务，已不仅仅体现于某一个细小的环节，而是形成了顾客从泊车、进门到就餐结束离开的一套完整的服务流程。这被社会各界誉为"超五星级服务"。

当顾客的车刚开到门口，就有服务员过来代泊车，并且马上有迎宾员来询问是否有预订。当顾客没有预订而排队顾客较多时，海底捞会在顾客等候就餐期间提供一些让人感觉很温馨的免费餐饮和服务，如为顾客送上西瓜、苹果、花生、炸虾片等各式小吃，还有豆浆、柠檬水、薄荷水等饮料，同时，顾客还可以上网、打牌、下棋，甚至为顾客擦皮鞋、为女士修理指甲等等。因此，很多顾客甚至很乐意在海底捞排队等位置。

在就餐期间，海底捞也会提供细致周到的服务。如多次为顾客更换热毛巾，为女士提供发夹防止头发掉落，为顾客提供手机套防止手机进水，为顾客提供就餐围裙等等。如果客人点了面条便会有拉面表演。而且有几十种口味的调料免费取食，水果和饮料无限量供应。另外，海底捞在店内建立了专供儿童娱乐的场所，这样带儿童就餐的父母就能专心用餐，不用担心小孩破坏就餐氛围，甚至海底捞的服务员还可以带儿童娱乐，给儿童喂饭，充当起了儿童的临时"保姆"。在卫生间海底捞设有专人，顾客洗手后会立刻递上纸巾，让顾客感觉仿佛到了星级酒店。顾客与很多火锅店一比较，感受自然不同。

在就餐后，海底捞和其他的餐饮店的做法一样，会送上一个果盘，但如果顾客提出要求说再要一个，海底捞的服务员也会热情送上。当顾客不满意时，服务员有免费送小吃、菜品甚至免一桌单的权力（每个员工都有卡，免单需要刷卡和向店长解释原因，便于员工学习和管理层监控免单权滥用行为）。

总之，这些小细节组合起来就形成了一整套超五星级服务流程。看起来十分小的事情，却让顾客无形中感觉到海底捞的不同之处，从而有效挽留住了客源，同时还形成了海底捞的一个服务招牌，进而有效地提升了海底捞的营业额。

（2）规范化拓店制度。

以往拓店机制是由总部安排的，比如在人手方面，以往总部下达人员安排指令，由新店附近的几家门店各自派人到新店，再招募新员工进入老门店作补充。2007 年出台的新拓店机制是，在门店评级考核中只要达到 A 级的门店都有拓店资格，一个门店如果培养出两套班子，很常见的情况是大部分老员工去新门店工作，而新班子接手老门店。如果新门店的评级达到 B 级，那么原先的老门店的店长就会得到奖励。拓店数越多，店长的奖励就越多。这是基于店长奖金和晋升机会，鼓励店长培养后备班子拓店。A 级门店都可以在周边寻访合适的商业餐饮场地，但最终开店计划由总部确定。拓店机制改革后店长培养员工的主动性大大提升。

（3）IT 系统实施与典型应用有助于授权与规范化。

随着公司不断壮大，分支机构快速拓展，各种管理瓶颈也制约着企业的高速发展，如：海底捞分店扩张迅速，不同地区人员调动频繁，造成 HR 手工方式集中管理上存在较大困难；各个片区配送中心资料不统一，业务流程不一致，管理层需要的报表和数据经常无法完整和及时的获取……海底捞原先的手工管理方式和 2003 年开始运行万商简单的进销存记账系统已经不能满足现代化管理的要求。为了有效提升管理水平，促进顾客满意度和员工满意度的提升，海底捞急需构建一个高效的信息化平台来支撑企业的高速发展。海底捞结合实际，从 2006 年开始分步实施金蝶 ERP 系统，经过 3 年时间，建立并完善了涵盖企业"人、财、物、产、供、销"

的管理体系。金蝶 ERP 系统典型应用有三个方面：

第一，统一配送降低门店运营成本。海底捞在北京、上海、西安和郑州的配送中心，分别为各地的门店服务，负责片区门店的"区域要货、区域配送、区域库存"的管理。为了尽可能降低库存，配送中心每天的原料进货量及生产量，经各门店报送订单需求后，由计划部通过供应链管理系统查询到实时库存，据此确定和下达合理的采购及生产计划。门店第一天下单，配送中心第二天生产。这样，配送中心便能以最快的速度将所需物品送到门店，有效降低了门店的运营成本。配送车辆中的温度计每天收回，由品控部门将其中芯片记录的每个时间段的实时数据导入电脑，并检测信息的日常例行工作项，如果发现数据异常则会启动应急方案。

与各个门店分别采购食品相比，实现集中采购和统一配送管理，既满足了各门店的合理采购需要，又降低了公司整体运营成本。

第二，动态盘点，有效规范库存管理。海底捞菜品品种繁多、规格多样、保存条件特殊，所以库存管理较繁琐。应用金蝶 ERP 系统后，海底捞逐步规范库存管理并采用灵活的盘点方式，月底针对仓储部和生产部进行大盘点，月中由仓储部对任意仓库进行动态盘点。盘点前，盘点计划表作为盘点通知的附件一并报相关领导批准，批准后发布给物流站、片区办公室、财务以及各门店等相关部门。盘点过程中，通过系统提供的备份盘点数据、打印盘点表、输入盘点数据、编制盘点报告表等业务处理功能，实现对盘点数据的备份、打印、输出、录入，自动生成盘盈、盘亏单据，并快速生成盘点汇总数据，以便管理人员实时核对，保证企业账实相符。

通过规范和统一物料等基础资料，并引入动态盘点等灵活的管理手段，有效规范了进、销、存等业务流程，实现物流、资金流和信息流一体化管理。

第三，人员轮换：推进能力快速复制。海底捞火锅分店遍及全国多个城市，由于知识传递、技术传授等方面要求前后堂各部门人员经常轮岗，并支持新店开业等业务活动，因此海底捞人事调动频繁。但如何高效完成业务，及时掌握人员轮换的状况，是推进人力资源管理的基础。

通过金蝶 HR 系统的实施，设计出了符合"海底捞"管理模式的"人事异动"工作流，总部管理人员通过 HR 系统人力规划和报表查询，在全国范围内找到合适的人选，由各个分店人事主管发起异动申请，通过总部人事经理、业务主管经理的审批，完成人员轮换工作。海底捞总部不再具体操作各分店的人事业务，由熟悉分店人员的分店主管进行操作。既减轻了总部人事事务的工作量，还便于分店对所属人员的日常管理。

海底捞人事管理采用集中管理、分散操作的方式，很好地解决了各地区之间人员调动的问题，也便于总部对人力资源状况进行统一调配、统一规划。通过高效的人事管理，海底捞实现了对全公司人力资源统一管理和控制，有效推进公司人员能力快速复制策略的落实，全面提高了企业人力资源管理水平和效率。

（4）西河原料生产基地和四大物流配送中心的规范化。

海底捞投入巨资和人力搭建了大食品体系，陆续建立了四个集采购、加工、仓储、配送于一体的大型现代化物流配送基地和一个原料生产基地，并成立了专门的管理部门对整个食品安全体系进行监管。从建立食品安全管理体系到用基地化管理控制原材料搭建了一条由种植、采购、仓储、加工、运输、销售的全产业链模式。

在原料采购上，海底捞的所有蔬菜类菜品直接来源于农户，农户将菜从地里采摘之后直接送往公司，没有中间商的参与，这样就减少了菜品的市场滞留期，保证了新鲜度。同时，品控人员会对每一样蔬菜进行农药残留检测，只有合格的菜才允许收货，在源头上保证了菜品质量。另外，海底捞尝试自建蔬菜基地。如北京有 3 个种植基地，供应量约占总需求量的 20% 。

在菜品清洗加工上，海底捞物流配送中心清洗蔬菜的水温控制在 4℃，蔬菜加工车间控制在 6℃ ~ 8℃，每天有专门的品控人员对食品的验货标准，及各车间和库房的温度、湿度进行严格控制，并对生产现场的卫生环境进行检查监督。海底捞还建立了菜品安全的追溯制度，从原材料生产的地头开始，到加工、配送、上桌的全过程都建立了严密把关检验、记录。

"海底捞"牌各种火锅底料均由成都西河原料生产基地采用先进的工艺流程和科学的生产方式规模化生产，主要为海底捞餐厅供应大包装的底料（约占总产量的 85%），为市场供应零售小包装的底料，此外还生产鸡精和其他产品。生产过程中，海底捞调味品基地把关产品检测，从源头上保证火锅底料的品质。

7.1.4 管理转型阶段：精英能力复制与规范化转型

目前餐饮行业的竞争愈发激烈，同行对海底捞特色服务的模仿也越来越多。海底捞要想在这种竞争的环境中成长壮大，只有时刻准备着迎接挑战，才能保持并发展自己的竞争优势。2010 年至今，海底捞已完成了组织结构由层级向扁平化的变革，组建教练组、海底捞大学和自发的学习型组织等帮助店经理和员工快速提升能力，形成学习与创新快速集成与扩散机制，业务也在向外卖经营扩展，并思考企业未来的发展方向。

（1）组织结构变革与教练组的诞生。

在改革前，海底捞是大小区的传统的金字塔的科层组织结构，它存在着三个弊端：

第一，大区、小区经理基于"职位权力"，可对店长进行权威的领导和管理，他们总是担心店长工作存在疏忽，什么事情都要插手做，这就导致店经理没有独立思考的空间和能力，只是不断地在考虑如何满足大区、小区经理的检查、要求。这与海底捞的充分授权文化相冲突，而且不利于后备干部的培养。

第二，文化更多要靠人的传递，但是大小区的组织架构会导致文化在传播的过程中出现偏差，政策在落实的过程中存在人为的因素，而且大区小区经理各自都有一套独特的风格和管理方式，不利于统一化管理。

第三，大小区的模式不利于复制。

基于以上的问题，海底捞做出取消大小区经理、使组织结构扁平化的决定。但扁平化的组织结构也压缩了每一个人的晋升空间。尽管充分的授权有利于培养店长这样的中层管理者独立思考和办事的能力，但是当他们真正成长起来，寻求下一步的职业晋升时，该走向何方？如果不能晋升的话，他们是否还有足够的动力去培养实习店长？

为此，海底捞成立了教练组，当店长有足够的经验和能力时，可以选择不同的发展道路：如果适合拓店，可以通过你的能力去拓店、拿分红，收入并不低于以前的小区级别；如果适合于管理，就去做召集人、进教练组，充当"指导＋考核"式的咨询角色，把他们丰富的经验用于指导当前的各个店面。目前教练组的 20 多人大部分来自改革时的大小区经理。教练组模式的推出，解决了以往的弊端，如果将来门面扩张，无外乎是增加教练组的成员，而组织结构不用变更。同时，教练组只是咨询的角色，但是对店经理没有基于官僚制度的绝对权威，这样就可以给予店经理充分的授权。

（2）海底捞学习型组织与创新扩散机制的规范化。

海底捞为破除旧的官僚体制，通过建立两个层面的学习型组织来培养新型领导者。一是店经理层面，是自发的学习组织。学习小组组成后由组长来负责学习计划的制定，他们有的要向同行学习，有的要学习日志、"三思"（即张勇提倡的从难点出发思危、思退、思进），有的要学习具体操作业务流程。学习的内容不限，公司对学习预算也没有控制，目的是培养自发的学习氛围，只要有计划、有收获就可以。二是店面里的"充电器"学习组织，也是自发的组织。服务员聚集在一起，随便讨论什么内容都可以，公司也给予经费的支持。目的是为了在新员工中营造一种学习的氛围。如果一开始就要员工学习与工作内容、业务相关的东西，肯定会产生厌烦情绪。

2010 年 6 月，海底捞正式创办了海底捞大学，用于内部员工的培训。海底捞大学还定期举办金讲台活动：每个门店派三四名员工开展业务教学竞赛，内容是管理沟通、会计成本核算等基本管理职能。海底捞大学的老师主要是海底捞内部人员和从外部聘请的大学老师。高层干部也有直接送到北大光华管理学院、长江商学院等学校攻读 EMBA 的。

海底捞经过多年的经验积累，目前形成了定期引导员工创新并在企业扩散的机制。在海底捞内部有一个金点子排行榜，张勇要求每个员工每月都要提出好的服务点子。这些点子一旦被全公司采用，就会给提点子的员工 200～2000 元的奖励。这让海底捞涌现出了几百项让人耳目一新的金点子服务。如吃火锅的筷子被加长，有了专门的火锅用具，洗手间摆上了牙膏、牙刷、护肤霜等。

（3）外卖经营的规范化。

海底捞早在 2003 年就做过火锅外卖。当时由于"非典"，顾客都不愿意去餐馆，但外卖业务随着"非典"的结束不了了之。2010 年 5 月份，随着北京、天津、郑州业务的稳定，海底捞董事袁华强就开始了火锅外卖的行动。

海底捞外卖借鉴了肯德基的经验。消费者只需拨打一个电话到海底捞的呼叫中心，将需求告知接线员，呼叫中心系统会快速地记录、存储、生成订单、统一派发，菜品、炊具、餐具就会全部送到家里。并且整个的订单派发过程还能够实时跟单。这是合力金桥软件（HOLLYCRM）公司推出的一款免搭建的"7×24 租用型呼叫中心系统"，有了这款呼叫中心系统的支持，节省了呼叫中心高昂的软硬件投入、维护的人员和精力的投入，帮助海底捞轻松实现了传统餐饮向电子商务的转型。

7.2 海底捞案例讨论

7.2.1 企业内部双元化促进服务敏捷性的演化与特征

在海底捞内部，解决二元矛盾、冲突、困境的"双元化"经历了四个不同阶段，呈现不同的特征，从而促进了服务敏捷性的不断演化。

（1）阶段1：CEO的双元化促进服务敏捷性。

1994~1998年的第1阶段，企业内部双元化促进服务敏捷性模式概括如图7-1所示。在企业求生存的内外部环境压力下，隐含的矛盾是在创业初期企业为了赢利（成本控制），有限的资源就有向顾客和员工分配方面的冲突，CEO化解了同时又关注顾客与员工需求的矛盾，具有这方面的"双元化"。为满足顾客需求，致力于提供优质的服务和提高产品品质。比如，开业之初，他们并不懂火锅，生意每天冷冷清清。但张勇很快就懂得了"顾客需要一桌一桌抓"的道理。张勇很清楚的回忆，"当时有一家十几人住在海底捞楼上，他们每天走到楼下往里一看，'哦，还是没人'，然后就走到边上的另一家火锅店。"于是，张勇设法打听到这家男主人的名字，每天都在楼梯口等他，并重复"魏大哥好"，"终于有一天他进来了。我很激动，但是吃完了他说我的味道不好。他说别的一家有一种香辣酱，要我们研究出来。我说火锅没有祖传香辣酱，肯定是买到了味道好的香辣酱。最后我终于买到并让我太太送上去，让他鉴定是不是他说的香辣酱，当时他非常感动。这桌顾客在未来非常长一段时间都是我的忠实顾客。"

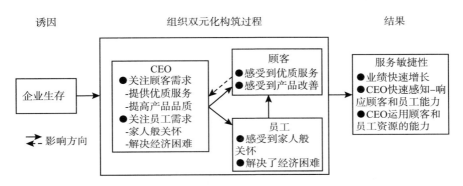

图 7 - 1　CEO 的双元化促进服务敏捷性模式

为满足员工需求，CEO 也尽力提供家人般关怀并尽力解决员工的经济困难。比如，张勇曾经在年关帮助新员工杨小丽还家里 800 元的债务。从此，杨小丽就把海底捞当家了："谁要损害公司利益，我敢跟谁拼命！"张勇因此多了一名虎将。

对待员工，张勇有自己的看法："我不心疼钱，因为你的心胸决定了你对金钱的态度，对同事的关系。有了很高的心胸，我就会把它看成一种资源，投下去。当时我有一个理想，一定要到北京，一定要走远。"因为 CEO 张勇在经营中逐渐悟出，为了取得财务绩效，需要为每一个顾客提供优质的服务。

在这种模式下，企业服务敏捷性体现在：财务业绩快速增长，CEO "快速感知—响应"顾客和员工需求，并且 CEO 还从顾客和员工的建议中改善服务和产品品质，运用顾客和员工资源。

（2）阶段2：高层、经理的双元化促进服务敏捷性。

1999～2005 年的第 2 阶段，企业内部双元化促进服务敏捷性模式概括如图 7-2 所示。在企业裂变的环境压力下，CEO 对高层和经理授权与控制①的"双元化"，促进了员工"快速感知-响应"顾客。

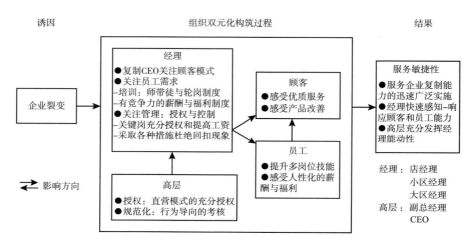

诱因　　　　　　　　　　　组织双元化构筑过程　　　　　　　　　　结果

图 7-2　高层、经理的双元化促进服务敏捷性模式

高层（包括副总经理、CEO）采取直营模式复制企业，形成了对经理充分授权与规范化。授权主要体现在充分授权经理经营权。规范化主要体现在行为导向的考核，即建立了真正公平公正的过程考核体系。"优秀店长的产生不与他所管理店的命运如营业额成正比（营业额与选址有很大关系），而是关注员工激情、顾客满

---

① 授权（Empowerment）是指领导者为员工和下属提供更多的自主权和柔性，以达到组织目标的过程。这里的控制（Control）是与授权相对立的概念，指为达到某种目标所采取的一系列方法与措施，以消除管理各环节引起不合格或不满意效果的因素。

意度、后备干部的培养。店长经营即便利润始终是公司最高，也很可能由于在以上三方面出了漏洞而被免职"，张勇说。

而经理（包括店经理、小区经理、大区经理）也在高层的充分授权下，复制了前期 CEO 关注顾客和员工模式。经理还从师带徒、轮岗培训以及人性化的薪酬、福利制度等各方面的完善上满足员工需求，尊重与善待了员工。

经理还在采购这一关键岗位有着授权与控制员工行为，主要是充分授权和大幅提高工资，并采取各种措施杜绝回扣现象。比如，经理杨小丽就懂得如何授权与控制采购。海底捞的原材料采购极为复杂，蔬菜、海鲜、肉类、副食不仅种类繁多、价格多变，而且都是个体供货。如何买到质量好、价格适中的原材料是杨小丽最难解决的问题。杨小丽将优秀服务员晋升为采购员时，大幅提高他们的工资，并明确告诉他们："公司会用各种方法经常调查你是否吃回扣；一旦发现，无论回扣多少，立即辞退、没有任何补偿。"

在这种模式下，企业服务敏捷性体现在：企业陆续在西安、郑州、北京、成都、上海等地经营均取得了成功；企业复制能力迅速广泛实施，经理具有了快速感知—响应顾客和员工的能力，高层授权与规范化充分发挥了经理的能动性。

（3）阶段 3：高层、经理、员工的双元化促进服务敏捷性。

2006～2009 年的第 3 阶段，企业内部双元化促进服务敏捷性模式概括如图 7-3 所示。对高层、经理、员工授权与控制的"双元化"，促进企业"快速感知—响应"顾客需求。

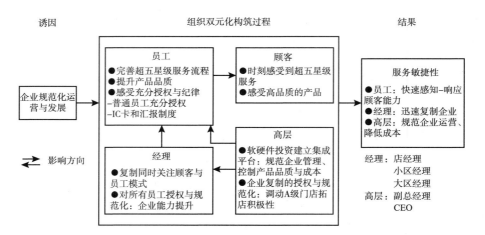

图 7 – 3　高层、经理、员工的双元化促进服务敏捷性模式

　　高层有着对经理、员工充分授权与规范化。授权与规范化主要体现在：软硬件投资建立集成平台，规范企业管理、控制产品品质与成本；企业复制的授权与规范化，调动 A 级门店拓店积极性。软硬件投资方面的具体做法是：一是完善了物流配送体系，实现标准化和程序化，制定了完善的食品安全监管体系，对原材料的采购源头进行控制，对整个加工环节进行监控把关并引进了一整套现代化的清洗、加工、检验和冷冻设备，以保障原料和底料的品质安全。比如，门店还专设至少 48 小时各类菜品留存制度，以保证一旦发生食品安全问题，能迅速反应。物流中心和门店的留样柜根据国家安全法设定，目的是保留可追溯性。门店要等到产品完全消耗完，样品才可以抽柜。物流箱上贴有标明品名、保质期、生产日期、温度控制的标签，门店严格按照标签执行。二是运用 ERP 系统改善管理流程，统一配送信息降低了门店运营成本，动态盘点信息有效规范了库存管理，规范的人员轮换工作流程推进了能力快速复制。

经理也在高层的充分授权下，同时关注顾客与员工，这促进了企业拓店，并对所有员工授权与规范化。授权主要体现在普通员工都有为顾客免一份单的权力。规范化主要体现在 IC 卡的使用，即员工免单后需要记录免单信息、并向店经理说明原因，以杜绝免单权力滥用行为。

同时，员工需要同时提升服务与产品品质，隐含的矛盾是员工有限的精力需要同时向提升服务与产品品质分配。海底捞的主要做法是高层和经理给员工充分授权，这使员工的主动性和积极性得到充分发挥，完善了服务流程，并被顾客誉为"超五星级服务流程"，菜品品质也不断提升。虽然有些服务和菜品品质改善会增加一点点海底捞的运营成本，但这种付出与稳定的顾客源、不断扩大的忠实消费群及品牌的美誉度相比较，这种投入产出十分合算，这也正是海底捞的聪明之处。从顾客进门等候到就餐完毕，海底捞的服务贯穿其中。虽然很多的餐饮店在其中的某一个环节上也做到了如海底捞一样的服务，但是没有形成系统性、制度化。因此，海底捞的服务才会显得更加突出，而这也是餐饮企业在服务上所需要借鉴与学习的。海底捞优质的服务成为其核心竞争力之一，成为海底捞的特色招牌之一。更为重要的是，海底捞的服务建立起了一整套完善的体系，给顾客留下了深刻的印象，说到海底捞，很多人都会说，服务不错。海底捞产品品质也是努力做到业内最好，给人印象深刻的是海底捞还为顾客提供免费到物流基地参观的机会，优质的菜品品质使顾客放心。海底捞品牌赢得了顾客的认可，并且形成了口碑效应，很好地为品牌加分。张勇说："海底捞的固定成本是房租、水电、员工薪酬等固定开销，前面一桌顾客承担固定开销，后面的顾客如果愿意等，他们的毛利就接近于纯利润了，翻台率提高了，利润就来了。这五花八门的服务换来了大回报。顾客口口相传，翻台率比其他火锅店提高了一倍。"

在这种模式下，企业服务敏捷性体现在：企业不断复制优秀店面，在全国各大中城市的经营均取得了成功；企业员工快速感知—响应顾客，经理迅速复制企业，高层能够规范企业运营、降低成本。

（4）阶段4：双元化精英平台促进服务敏捷性。

2010年至今的第4阶段，企业内部双元化促进服务敏捷性模式概括如图7-4所示。在同行模仿与扩张导致人力资源匮乏的内外部环境压力下，企业充分利用精英平台对高层、店经理、员工的授权与控制机制，促进企业服务敏捷性发展。目前餐饮行业的竞争愈发激烈，同行对海底捞特色服务的模仿也越来越多。海底捞在这种竞争的环境中成长，因此时刻准备着利用企业精英平台的"整合能力"迎接挑战，以此保持并发展自身的竞争优势。

高层提升组织双元化。企业使全员学习和创新方面授权与控制，进一步加强高层推动组织结构由层级向扁平化的变革，并推动企业构筑精英平台，如教练组、海底捞大学和自发的学习型组织由企业内外部精英提供培训和指导，金点子排行榜定期引导全员创新并经过试点后推广。

同时，店经理在店面经营上利用精英平台获得帮助、解决难题，不断学习和创新，复制了优秀店经理同时关注顾客与员工的能力。有能力的资深店经理不仅积极参与到教练组、学习型组织等精

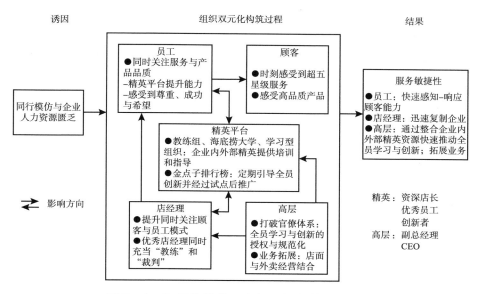

图7-4 双元化精英平台促进服务敏捷性模式

英平台，还为其他店经理解决难题，充当"指导＋考核"式的咨询角色，使他们同时充当"教练"和"裁判"。

对员工充分授权与控制。在充分授权下和双手改变命运的过程中，员工利用精英平台提升自身能力，如参与店面里"充电器"学习组织，向有经验的员工学习。有能力的员工还向精英平台提供创新和专业服务，如为金点子排行榜提供创新，为海底捞大学学员培训专业知识。员工感受到了尊重、成功与希望，为顾客提供了优质的服务和高品质的产品，实现了自身价值。

在控制方面，海底捞设有创意委员会，将收集的创意进行筛选，好的创意经过试点后在全国推广。而且，张勇还在他的办公室设置黄、黑、红三种颜色的板。如果某部门没有创新，张勇会看到负责人名字放在黑板上；如果部门有新点子，但不能在全公司推广，只能在一个区推广，张勇会看到负责人的名字放在黄板上；如果创意被全公司推广，负责人的名字就会在红板上。张勇每天都注意观察三块板上的名字。企业还定期举行员工创意大赛，如顾客熟悉的拉面表演即是员工宋晓东在创意大赛上模仿功夫表演后得到推广的。

在此模式下，企业服务敏捷性体现在：组织结构由层级向扁平化的变革，形成员工学习与创新快速集成与扩散机制；另外，业务也在向外卖经营扩展，并思考企业未来的发展方向；企业员工快速感知—响应顾客，店经理迅速复制企业，高层通过整合企业内外部精英资源，快速推动全员学习与创新，并推动业务模式扩展。

7.2.2　企业层次双元化促进服务敏捷性演化的过程模型

集成海底捞在四个不同阶段双元化促进服务敏捷性的模式，能够推导出企业层次双元化促进服务敏捷性的一个过程模型（见图 7 - 5），即外部环境变化促使企业在组织双元化和商业生态优势两个维度演化（演化路径如图 7 - 5 箭头所示），在此过程中企业不同层级人员解决内部二元矛盾的双元化提升，从而促进了服务敏捷性的演化。各阶段的过程特征与结果如图 7 - 5 所示。

企业层次双元化促进服务敏捷性四阶段的特征是：第 1 阶段权利集中在 CEO，授权与控制的双元化弱，整合能力强。第 2 阶段高层授权给经理（中层），控制较弱，整合能力减弱。第 3 阶段企

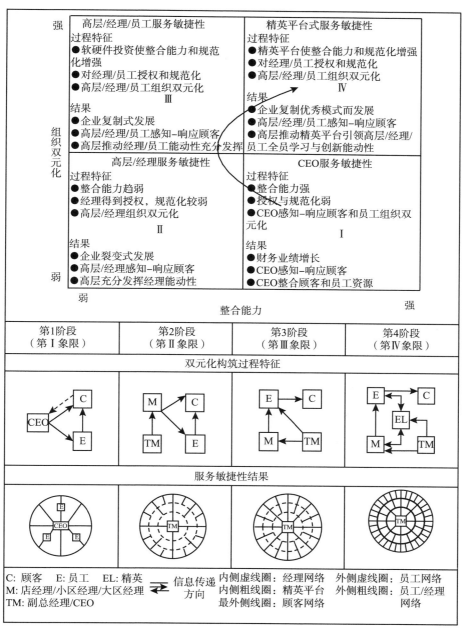

图 7-5 双元化促进服务敏捷性的过程模型

业对经理、员工（底层）授权和控制，软硬件投资使企业整合能力和控制增强。第4阶段企业建立的各种精英平台使整合能力和组织双元化增强，企业进一步对经理、员工授权和控制。可见，企业授权与控制的双元化是一个逐步强化的过程。授权的路径是高层—经理—员工—精英平台。控制通过规范化加以实现。这里的规范化（Standardization）指企业为形成统一、规范和稳定的管理体系，制定和实施的组织规程和基本制度以及各类管理事务的作业流程。

企业层次双元化促进服务敏捷性四阶段的结果是：第1阶段企业财务业绩增长，CEO具有感知—响应顾客能力，CEO具有整合顾客和员工资源能力。第2阶段企业裂变式发展，高层、经理具有感知—响应顾客能力，高层能够充分发挥经理能动性。第3阶段企业复制式发展，高层、经理、员工均具有感知—响应顾客能力，高层推动经理、员工能动性充分发挥。第4阶段企业通过精英平台复制优秀模式而发展，高层、经理、员工感知—响应顾客能力进一步增强，企业具有通过精英平台引领高层、经理、员工全员学习与创新的能动性。可见，在服务敏捷性的能力上，海底捞已经具备了：（1）在企业内部具有在内外部持续变化、不可预测的环境中蓬勃发展的能力；（2）高质量、高附加价值感知—响应国内市场能力，降低成本主要通过信息系统、基地建设等软硬件投入、提供翻台率（这加强了员工的劳动强度）等（国际化的市场能力还有待今后对海底捞实践的观察）；（3）在具体措施上，企业具有集成可用的内外部资源（包括技术、员工和组织）到一个自然协调的独立系统，以缩短满足服务需求并快速响应突然到来的市场机会的能力。

7.2.3 海底捞案例的创新点探讨

海底捞案例的创新点体现在三个方面：

第一，揭示了组织双元化促进服务敏捷性的过程和机理。通过探索服务敏捷性的前因变量，即海底捞在发展过程中所处的内外部环境压力促进了企业双元化提升过程，本研究打开了企业获得服务敏捷性的"黑箱"。企业组织双元化的形成路径是：CEO 双元化——高层、经理双元化——高层、经理、员工的双元化——精英平台式双元化；而企业层次在授权与控制方面的双元化是一个持续改善的过程。充分授权与控制、同时关注顾客与员工需求等二元悖论的解决，不是每个企业都能做到的。本研究结论有利于企业开发并积蓄多种形式的组织双元化，以及如何实现服务敏捷性，从而获得商业生态优势。

第二，补充了组织双元化促进服务敏捷性的理论与实证研究。过去的研究侧重于制造敏捷性、软件开发敏捷性，而在服务行业缺乏企业敏捷性的实证研究，更缺少服务敏捷性的命题及其验证。本研究推导的过程模型具有重要的理论贡献，因为它不仅描述了成功的企业扩张的必要条件，也按逻辑顺序描述"结果发生时故事怎样发生"。

第三，高层通过授权与控制的组织双元化，使学习和创新能力从上往下、平级之间、从下往上流动，知识不断从隐性转化为显性（Explicit）。这补充了先前"强调企业内部隐性知识"的视角，并为深处于复杂商业网络的公司运营提供了指导。而且，本研究通过在不同扩张阶段区分了企业双元化的知识形态，补充和完善了达到企业敏捷性的方法。

本 篇 小 结

本篇旨在以联想研发组织为案例研究对象，探讨组织双元化构筑竞争优势的过程、特征与原因；以百度的两次战略转型为案例研究对象，探讨组织双元化如何推动企业战略转型；以海底捞公司发展历程为案例研究对象，系统研究促进服务敏捷性形成的特征、过程与原因。联想案例是从外部利益相关者——全球化竞争对手并购的角度，分析了复杂嵌套组织的双元化促进"以小并大"企业的融合，也分析了联想吸收能力单极化的问题。百度案例探讨了组织双元化构筑"能力延伸"与"能力再构"机制，从而促进企业战略转型。海底捞案例深入探讨了四种形式的组织双元化促进服务敏捷性的机制、过程模型，揭示了学习和创新能力从上往下、平级之间、从下往上流动的方法。

本研究运用组织双元理论打开核心企业获得商业生态优势的"黑箱"，从组织双元化的层次差异揭示企业商业生态优势演化的原因、特征与过程。因此本研究的核心在于对核心企业发展历程中一系列事件的分析，推导出利用组织双元化构筑商业生态优势的过程模型和演化路径。

核心企业制造能力双元化
构筑商业生态优势

中国制造企业面对高速发展、竞争激烈的外部商业生态环境，为了生存和发展壮大，已经能够快速、准确地抓住市场标准化与定制化需求，做出及时反应，这说明中国制造企业已具备制造能力双元化的特征。国外越来越多的学者已关注企业制造能力演化，以揭示企业应对技术进步、全球经济一体化及客户需求不断变化的激烈商业生态环境，如何生存并取得成功。

然而，现有文献多探讨企业单极化的制造能力。企业如何构筑制造能力双元化？本研究仅发现了少量研究。产品架构能力双元化和吸收能力双元化或许能够提供帮助。越来越多的中国企业通过模块化产品架构（如海信）形成制造能力，以缩短产品研发和生产周期并快速响应任何突然到来的市场机会。然而，一些企业通过核心零部件统合化架构（如宇通）形成制造能力。

模具工业被誉为"百业之母"，汽车模具工业则被喻为是"汽车工业之母"。汽车模具在概念上有广义和狭义之分。广义上的"汽车模具"包含了用以制造汽车上所有零件的模具，具体分为：冲压、注塑、锻造、铸造、玻璃等模具。狭义上的"汽车模具"则仅指那些用以制造车身钣金零件的冲压模具的总称，钣金零件又主要分为覆盖件、梁架件和一般冲压件。其中，覆盖件模具的设计与制造能力最能代表汽车冲压模具开发的水平，而车身钣金件模具的整车开发能力又能反映一个公司的规模。北京比亚迪模具有限公司就是以设计、制造汽车覆盖件为主，具有整车模具开发能力的大型模具制造企业。

制造能力将制约或者推动中国工业发展。中国企业的制造能力处于什么阶段？与国外先进水平相比是缩小了差距，还是进一步扩大差距？本研究作者长期观察中国企业的高速成长过程中，发现中国企业在不断地提升大规模制造能力与商业生态优势的同时、依然受制于缺乏核心技术与产品的困惑。它不仅仅是因为中国企业作为后发企业的技术积累时间不够，更重要的是产品设计理念、研发模式与能力形成路径等有待于反思。因此，当中国企业的低成本优势伴随劳动力红利逐渐消失后，如何在激烈竞争的环境下生存并取得商业成功？如何构筑商业生态优势是不可缺少的一环。

第 8 章

核心企业制造能力双元化
构筑商业生态优势理论

8.1 产品架构能力双元化构筑商业生态优势

架构（Architecture）划定了核心企业的技术、产品和组织的界面。架构原本是一个工程学领域里的概念，长期以来经济学对此并不涉及。进入 20 世纪 90 年代，电脑制造业在"开放性模块架构"（Open module architecture）这一设计思想主导下，走产品的模块化和零部件之间界面的标准化道路，带动了整个 IT 产业的持续发展。至此，产品架构（Product architecture）作为一种全新的设计理念，其重要性开始得到广泛关注。产品架构是应用复杂系统产品"分解与链接"的设计理念，将复杂产品分解成若干功能单元，功能单元之间的界面以某种方式互动，从而发挥复杂系统的整体功能。

产品架构基本分为模块化（Modular）与统合化（Integral），

以及开放型与封闭型的产品架构。模块化产品架构（modular product architecture）指产品的各个组件分别执行单个功能，组件与功能对应关系非常明确；组件（零部件、模块）之间界面标准，对现有组件之间进行组合，开发多样化产品。统合化产品架构（integral product architecture）指产品的功能单元由多个组件来实现，功能群与组件群的关系错综复杂，每个组件参与多个功能单元的实现不是一对一的关系；组件之间界面的设计者如果要调整某一个组件时，必须与其他组件相互协同，共同调整，才能发挥整体产品功能。产品界面标准在企业与企业间公开，称之为开放式产品架构；产品界面标准仅在企业内部分享，称之为封闭式产品架构。

模块化和统合化只是产品架构的相对特征，很少有产品是完全模块化或统合化的。产品架构与商业生态系统相互匹配、共同演化才可能引发产品竞争的比较优势。乌尔里克（Ulrich）认为，产品架构的选择是由企业的产品战略决定的，如果企业想要强调产品表现，则最合适的选择可能是统合化架构；如果企业希望强调产品的变化、多样性、灵活性以及更新，则更可能选择模块化架构。当供应链之间曾经处于竞争关系时，更可能采用模块化的产品架构，而基于长期信任的关系时，更有助于统合化的产品架构。加韦和库苏玛诺（Gawer & Cusumano）则认为企业应采取模块化的架构，增加连接器或接口，以便其他公司能建立在此平台之上。四个电子企业的产品架构表明组织的信息统合化能力比 IT 投资本身更重要。

模块化的思想对于复杂且不断变革的企业或产业有着深远的意义，主要体现在以下三方面：第一，减少企业产品、服务、系统的复杂性。模块化是一种特殊的设计形式，它通过标准化的模块接口在模块之间建立高度的独立性或"松散耦合性"。模块化为半自律的子系统通过和其他子系统按照一定的规则相互联系，从而构成更加复杂系统的过程。模块包括一个从功能结构中的功能元素到产品物理部件的一对一映射以及部件之间的分解与链接的界面。

第二，降低企业内部"交易成本"。组织资源、IT 资源模块以及各能力模块的制度化和标准化，促进资源和能力模块在企业范围内快速、准确的共享、集成和重复使用。

第三，加速系统的柔性、适应性和演化性。为了适应和更迅速应对动态市场环境，企业资源和能力模块随着时间而演化，模块化的资源和能力联系在一起，形成了可以灵活应对动态环境变化的资源和能力平台。

国内外学术界的实证研究为本研究提供了有益启示与借鉴（见表 8-1），但也存在以下问题：第一，对模块化的产品架构趋势过于推崇。恩斯特（Ernst）批评很多模块化研究都默认这样一个假设，即技术的发展趋势总是遵从由统合化向更加模块化方向发展，不管是什么行业或技术，而事实上这是值得质疑的。第二，产品架构与商业生态系统渐进性与突破性创新演化过程的黑箱尚未打开。任何一个全新产品在诞生之初期，都会有数个替代性的核心零部件技术彼此竞争。以汽车为例，在 1886 年汽油汽车发明之后，围绕汽车动力源的争论就一直没有停息过：是用汽油内燃机、蒸汽机还是电气马达？20 世纪，汽油发动机确立了不可动摇的优势地位，传统汽车成为绝对的主流产品。尽管各国企业对发动机进行持续改善，性能不断提高，但发动机作为传统汽车的动力装置的基本结构未曾改变。

表 8 – 1　　　　　　　　　架构创新相关的实证研究总结

研究者	对象	研究结论与启示
鲍德温和克拉克（Baldwin & Clark, 2000）	计算机产业	模块化是改变产业结构的财务驱动力，模块化既创造价值也分散价值
希林和希恩斯玛（Schilling & Seensma, 2001）	多个制造业	解释了采用不同模块化组织形式的行业差异，输入与需求多样性更大的行业组织模块化水平更高；当多样性大的时候，技术变革与竞争压力会推进模块化组织形式
布鲁索尼斯和普林西皮（Brusonis & Prencipea, 2001）	飞行器引擎、化工产业	依靠模块产品架构带来的自动机制，知识和组织的协调无法形成；需要对所涉及的主体和活动的交互式管理；协调的角色需要系统集成者来实现，要求系统集成者具备更宽技术领域的能力
厄恩斯特（Ernst, 2004）	芯片设计业	芯片出现了相互依赖型—模块化—相互依赖型产品架构的转变；在芯片设计行业没有出现真正的市场模块化；技术的演化会调节组织和战略的选择；技术的成熟是技术和市场双重模块化的必要条件
弗里甘特和塔尔博特（Frigant & Talbot, 2005）	航空器、汽车产业	不能搞技术决定论，比较案例分析发现两个行业面对模块化变革其产业组织结构的变化路径相反，技术模块化和组织模块化是分离的
安东尼娅等（Antonioa et al., 2007）	电子、玩具与塑料企业	产品模块化与企业的交付、柔性和客户服务显著正相关，并不能为企业带来更低的价格和更好的产品质量
帕克等（Park et al., 2012）	电子企业	企业的产品架构表明组织的信息统合化能力比 IT 投资本身更重要
欧阳桃花，2006	家电企业	中国家电企业的产品开发模式采用型号经理负责制，产品开发具有模块化特征，对开发人员实行市场机制管理
魏江等，2007	创新系统	可以将集群创新系统、区域创新系统、产业创新系统以及国家创新系统链接在一个大的空间，构筑起多层次的创新系统空间结构

研究者	对象	研究结论与启示
朱瑞博等，2011	后发企业	架构创新为后发企业占据有利的生态位提供了难得的机会窗口，是企业生态位优化的有效方式
钱吴永等，2014	物联网产业	从公共决策层、支持平台层、创新主体层 3 个维度剖析了物联网产业创新平台的基本架构

资料来源：作者总结。

8.2 吸收能力双元化构筑商业生态优势

吸收能力（Absorptive Capacity）指企业在创新情景下和学习过程中识别、吸收、应用外部知识的能力。吸收能力分为采集、同化、转化、应用四个步骤。采集（Acquisition），指识别和获取对企业运营非常关键的外部知识的能力，它影响吸收能力的强度与方向。同化（Assimilation），指企业通过分析、处理、解释和理解来自外部信息的惯例和过程。转化（Transformation），表示制定和完善惯例（有助于结合现有和新采集、吸收的知识）的能力，它通过添加或删除的知识，或者干脆以不同的方式解释同一知识而完成。应用（Exploitation）作为一种组织能力，梳理企业的惯例，以便细化、延伸并充分利用现有能力，或通过合并将采集和转换的知识纳入企业运营而创造新能力。Lim 认为企业吸收能力有三种层次：学科知识、领域专长和知识嵌入，其特征详见表 8－2。

表 8 – 2   吸收能力的层次、特征

吸收能力层次	学科知识	领域专长	知识嵌入
所获得知识的类型	一般的科学知识	具体技术问题的解决方案	在工具和流程嵌入知识
技术的阶段	最早期	早期到中期	后期
内部研发	探索（重点在于自主性）	聚焦于研发	集成
链接内外部研发的方式	聘请学科训练有素的科学家，与学术界加强联系	雇佣具有领域专长的人员，设立基金支持特定领域的外部研发，影响外部研发的轨迹	与拥有相关嵌入知识的供应商合作

资料来源：根据 Lim K. The many faces of absorptive capacity: spillovers of copper inter-connect technology for semiconductor chips [J]. Industrial and Corporate Change, 2009, 18 (6): 1249 – 1284 整理。

列支敦萨勒（Lichtenthaler）用企业学习过程中的吸收能力来解释不同企业面对同一外部环境而产生的绩效差异。吸收能力有助于提升企业创新能力，创新能力与企业竞争优势呈正相关。然而，企业如何提高吸收能力？企业通过组织间学习、知识共享、社会集成机制提高吸收能力。如果企业所需的技术知识不能从组织内部获得，那么先前内部积累的技术知识可以帮助企业成功获取外部知识。只有当"潜在的"（采集、同化）吸收能力转化为"实现的"（转化、应用）吸收能力时，企业才能取得更高的绩效。企业内外部的显性和隐性知识之间对话能提高吸收能力。因此，吸收能力层次不同能够解释企业能力演化路径以及面临同一外部环境下的企业竞争能力与产生绩效差异的原因。但是，企业如何深化吸收能力的层次，从而提升企业能力构筑竞争优势？已有文献研究无法对上述

问题给予解释。

8.3 制造能力演化路径

关于制造能力演化路径的文献研究主要有两方面：第一，能力生命周期（capability lifecycle）研究。赫尔法特和彼得拉夫（Helfat & Peteraf，2003）总结了企业能力演化的生命周期为创生、发展、成熟三个阶段，进入成熟阶段后的企业能力可能向着更新、重新配置、重组、复制、衰退、隐退等六个不同的方向发展（见图 8 - 1）。

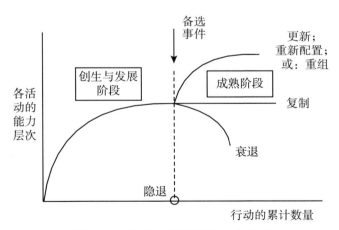

图 8 - 1　能力生命周期的六个分支

资料来源：根据 Helfat and Peteraf 整理。

第二，能力构筑竞争研究。藤本（Fujimoto）基于丰田公司的长达 12 年的跟踪研究，认为能力构筑是个进化的过程，丰田竞争优势主要表现在其独特的生产方式以及不断内生的进化能力。他认为丰田竞争力分为三个层次：

第一层次是静态能力，在稳定状态下企业能达到的生产效率与产品质量等竞争力指标；第二层次是改善能力，通过企业产品开发与生产系统的不断改善，提高生产效率与质量等竞争力指标（比如），且能够复制到其他的生产系统。第三层次是进化能力，别的企业难以模仿。进化能力是企业核心竞争力。受此启发，本研究界定的企业能力演化路径为能力发展、变化和积累的演化轨迹。在企业能力演化过程中，吸收能力双元化扮演着重要角色。

第9章

海信案例：制造能力模块化
架构构筑商业生态优势[*]

9.1 海信案例描述

青岛海信电器股份有限公司（以下简称：海信电器或者海信）为海信集团控股的子公司，于1997年4月在上海证交所上市[①]，主要从事电视机、数字电视、广播电视设备的研究、开发、制造与销售。2010年度年报显示，公司已实现营业收入212.64亿元，同比增长15.52%；净利润8.35亿元，同比增长67.57%。2010年底，海信电器拥有12家国内外控股子公司[②]，彩电年产能力1610万台，

---

[*] 本章资料来源于海信电器历年企业年报；以及笔者在企业的调查整理得到。

[①] 1996年12月23日青岛市经济体制改革委员会批准原青岛海信电器公司作为发起人，采用募集方式，组建股份有限公司。

[②] 贵阳海信电子有限公司、淄博海信电子有限公司、辽宁海信电子有限公司、北京海信数码科技有限公司、广东海信多媒体有限公司、青岛海信信芯科技有限公司、青岛海信传媒网络技术有限公司、海信欧洲研发中心荷兰有限公司、海信南非发展有限公司、佛山市南海海信多媒体技术有限公司、贵阳海信电子科技有限公司、湖北海信传媒网络技术有限公司。

在职员工 13801 人。①

海信的生产制造部主要负责电视产品的生产。2010 年底，海信电器有生产人员 8951 人。组织架构如图 9 – 1 所示，其中电视车间是最重要的车间，模块生产车间主要为电视车间提供彩电产品的上游零部件，专业产品车间主要生产电视机的关联产品，如机顶盒、智能信号机、POS 机等。

2010 年底，海信电器技术人员 954 人，约占员工总数的 7%。海信电器总部的研发机构由产品开发部、技术研究部、网络多媒体事业部等部门组成，如图 9 – 2 所示。其中网络多媒体事业部主要从事海信整体家居、网络家电等未来发展方向研发。技术研究部门是技术导向，主要从事新的技术或者超前技术的研发，开发预研产品。产品开发部，约占研发中心总人数的 2/3。项目管理所的成员一般担当项目经理的职务，组建开发团队，领导新产品的开发。产品所主要负责新产品开发中的电路设计等一些传统的研发工作。公共平台所主要从事公共软件开发、公共平台构建、模块化等问题。

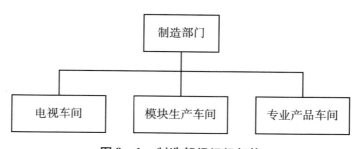

图 9 – 1　制造部门组织架构

资料来源：据访谈记录整理。

---

① 腾讯云. 海信电器 2010 年净利增长 67. 57% ［EB/OL］（2018 – 01 – 06）. https：//cloud. tencent. com/info/a96c0a661c108b3e4f7fbe00d74e205a. html.

9.1.1 模块化的研发自适应系统实践

海信电器于 2005 年开始导入模块化与标准化。为解决产品开发过程中的模块化推广与标准化问题，2006 年成立了公共平台所（见图 9 – 2）。2008 年开发新产品所需要的研发平台，零部件已实现了标准化与模块化（见附录 1），比如搜台模式、主板、电源板的接口等都已经标准化了。

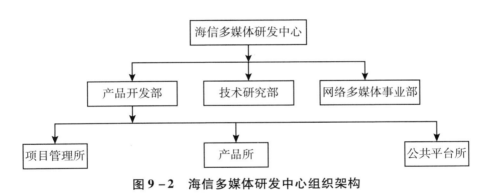

图 9 – 2　海信多媒体研发中心组织架构

资料来源：根据访谈记录整理。

平板电视的差异化主要体现在外观和功能上，外观差异化主要表现在外观设计和所用材料上，由于消费者的审美眼光越来越高，海信目前比较重视外观设计，经常由国外的研发中心联合国外设计师为其平板电视设计外观，吸引消费者眼球。功能差异化主要通过改变"屏"和"主板机芯"两个模块来实现（见附录 1、2）。新系列产品推出后，对其架构中的某一模块稍作变动或替换就能衍生出新机型。"机芯板"是海信电器最凸现自己技术力量的模块。目前海信电器具有自己设计、研发和生产机芯板的能力。

海信电器新产品开发采用项目负责制（见附录2），每开发一个新产品都会成立项目组，项目经理全权负责，项目经理参与新品开发的各个阶段，从概念设计完成到批量生产。整个产品开发流程涉及的全部人员有：多媒体研发中心总经理（总负责人）、项目经理、产品经理、初始采购、电路设计工程师、结构设计工程师、软件设计工程师、成本工程师、工艺工程师、DQE 工程师、模具工程师、其他职能人员。

近年来，海信电器坚持在模块研发技术领域的持续投入，在 LED 液晶电视背光模块关键技术、整机系统设计、节能技术等方面取得重大突破，随着海信模块整机一体化设计与制造项目的顺利实施，大大简化了整机与模块产品的架构，从而优化了整机生产流程，降低了材料和能源消耗，提升了制造效率和产品盈利能力。

9.1.2　模块化的生产自适应系统实践

2005 年 6 月 26 日，海信推出了音视频领域第一块自主知识产权的、产业化的数字电视处理芯片"信芯"，打破了中国彩电核心芯片被国外垄断的历史。海信所用的液晶屏和其他国内厂商一样均从三星、夏普等或者台湾厂商那里购买[①]。海信再应用自主背光灯组件生产模块。2007 年 9 月 19 日，海信投产海信电视液晶模块生产线。截至 2010 年，海信 LED 液晶模块生产线产能达到 650 万

---

① 目前液晶模组技术最好的首先是夏普，其次是三星、索尼。

片。海信液晶模块发展不仅使中国企业对整机成本的掌控比例一下子提升到了60%以上，而且还可以将更多自主研发的新技术应用到整机产品上，为消费者提供更多个性化，具备突出功能优势的新产品，为企业在LED液晶电视市场上的持续领先提供了强有力的上游产业链支持。

海信可以同时生产各种模块板。在接口有统一标准的前提下，全球采购变得更加简单易行。海信把能够通用的部件都标准化，尽量减少所用元器件的品种，尽量减少所使用的模块。由于模块的通用性，所需原材料可以统一采购，提高了议价能力，降低了原材料的购置成本，也降低了库存管理费用。

与国外著名品牌相比，海信的自动化程度虽还有一定距离，但模块化（见附录1）则使海信电器能利用中国低成本劳动力的优势。通过模块化的生产，海信提高了产品的质量。海信模块车间和平板电视整机的生产流程都展示了这两方面的能力培育。

模块车间主要生产机芯板模块。主板、电源板、按键板等也基本在此车间生产。每条生产线都可以生产机芯板中的许多种部件，他们生产流程基本一样。首先是自动化阶段，由机器对空白印制板进行自动贴装，贴装完成之后，进行在线测试（简称ICT，主要测试机器贴装的器件是否存在本身不良的问题，或者是否有漏贴）。其次是手插，因为存在一些异形件需要手工往上插。接着是波峰焊接程序，这个过程由机器完成。最后是功能测试，测试该模块板的功能实现。按照正常思维，最终的模块板应该放在电视机中进行检验，但是海信简化了这一步骤，有专门的仪器，把模块板贴上去其效果和在电视中检验一样。检验没问题后就送去整机车间进行组装。

电视车间两班倒，每条生产线上白班与夜班，每班每天工作 10 小时。每个班有 65 人左右。每个班分为 3 组：装配组、调试组、包装组。不同机型用人数不同，线体上的操作工人数每周有变化，工人工位也根据机型而变化。前壳检验是对外观的全面检验，确定无划伤、掉漆、结构件粘结不良等现象。安装线路板就是把机芯板中的一系列印制板安装到屏蔽罩上，然后把这些板用各种条形连接器连接起来，接着把各种连接线分别整理固定，以避免信号干扰和夹线等不良现象。经过两步检查后进行 45 分钟以上的老化，确保整机工艺指标准确，及早发现并排除部分器件的早期失效。VGA 和高清都是为了保证图像质量，然后看 AV 图像输出和伴音是否符合要求，后壳安装完毕后成为一台完整的彩电。这时要进行耐压、绝缘电阻检查来检测整机安全性能，按照国家标准对每台整机进行安全测试，保证整机安全可靠。出厂前还要对电、声等总性能做全面检验，并设置出厂状态，接着对外观做全面检验，保证每一台整机外观清洁、完好。全部检验完后，由质量控制人员进行交收检验，质控人员按照企业交收检验标准对生产产品随机抽样，确保质量完美。

9.1.3 海信电器获得的产品性价比优势

2011 年中国平板电视市场上，46 英寸的电视长期雄踞全部型号销量的榜首[1]，国内外主要品牌企业在这个尺寸上都有产品，所

---

[1] 信息来源：大中电器内部信息：2011 年 9 月 18 日京东商城平板电视、国美网上商城 LED 电视销量排名第一的型号均是三星 UA46D5000PR 46 英寸，而且京东商城排名前五款中有 3 款是 46 寸，国美网上商城 LED 电视排名前五款中有 2 款是 46 寸。

以笔者选择了 46 英寸作为彩电性价比的对比切入点。同时为了显示
各品牌功能的技术含量，本研究选择该尺寸的中高端产品型号为例
（见表 9 - 1）。"显示屏"与"机芯"是体现平板电视产品功能差异化
的重要指标。显示屏基本都是外资品牌生产，相同档次的屏质量上相
差不大，机芯则是体现各个企业的产品功能的技术能力，但整体很难
衡量，这里选用体现画面质量的指标"刷新率"并进行品牌比较。另
外，为了体现产品差异化，每个品牌都会有自己的独特诉求点。

表 9 - 1　　　　国内市场高端平板电视性价比对比表

（产品分辨率：都是国内最高标准 1920 * 1080）

品牌	代表型号	显示屏	刷新率	独特卖点	市场价（元）
LG	47LX9500 - CA	IPS 硬屏	240Hz	3D 电视，FULL LED 背光，『动感应』遥控，机卡分离数字电视，Divx HD 高清流媒体播放，睿智节能，疾速 400Hz	20000（ZOL）
索尼	KDL - 46HX920	绚丽黑耀面板	50Hz	绚丽黑曜面板、四倍速驱动 800 倍速技术、智能精锐 LED 背光源、迅锐图像处理引擎 PRO	17999
夏普	LCD - 46LX830A	X - GEN 超晶面板	100Hz	全高清电视，LED 电视，3D 电视，网络电视，智能电视	13399
三星	UA46D7000LJ	黑水晶面板	50Hz	3D 智能液晶电视，智能网络平台，简约的外形设计和糅合多项先进科技的卓越性能，动态显示 600Hz	12999

品牌	代表型号	显示屏	刷新率	独特卖点	市场价（元）
海信	LED46XT710G3D	IPS 硬屏	120Hz	全高清智能不闪式 3D LED 智能电视，WEB 浏览器，2D 转 3D，数字一体机	9999
松下	TH－P46GT31C	G14 代 NeoPlasma 等离子屏	50Hz	全高清 3D 电视 2D 转换 3D 智能网络电视，600Hz 子场驱动	9577（国美）
飞利浦	46PFL6300/T3	VA（软屏）	100Hz	全高清 LED 液晶电视 银灰色流光溢彩功能	8999
创维	47E96RS	IPS 硬屏	240Hz	智能 Android 系统，不闪的 3D，网络，IPS 硬屏矩阵式背光	8499
康佳	LED47R7000PD	IPS 硬屏	240Hz	全高清 3D LED 电视，网锐、智能、健康	6999
长虹	3DTV46860I	LED 高清面板	60Hz	全高清不闪式 3D 智能网络 LED 电视，USB 播放支持的视频格式丰富	6397

注：刷新率指的是场频，有 50Hz、60Hz、75Hz、100Hz、120Hz、200Hz、240Hz 几种，其中越高表示画面效果越好。目前最高的为 240Hz。

资料来源：主要根据 2011 年 10 月 10 日京东商城数据整理；根据当日其他商城价格已在表格中标注；独特卖点、刷新率部分数据根据其他网上信息整理。

分辨率都是 1920＊1080。显示屏基本都是国外品牌，质量相差不大。松下是等离子电视，在市场上已不多见，所以价格比海信便宜 422 元。飞利浦不是目前市场上流行的 3D、智能电视，所以价格比海信便宜 1000 元。排除松下、飞利浦，海信与国外品牌相比，价位比 LG、索尼、夏普和三星分别便宜 10001 元、8000 元、3400 元和 3000 元，但功能上与国外相差不大，而且刷新率上仅次于 LG。与国内品牌比较，海信比创维、康佳、长虹分别贵 1500元、3000 元、3602 元；海信功能上更齐全；刷新率上创维、康佳已达到市场最高标准 240Hz，海信刷新率居中，长虹刷新率较低、价格最低。

通过综合对比不难发现，各大品牌（尤其是国外品牌）不再以刷新率差异宣传其功能和卖点，在显示屏相差不大的情况下，在类似尺寸相同档次的平板电视市场上，海信彩电"性价比"居于国内市场领先地位。同型号产品海信的价格比国外品牌低，比国内品牌高，但功能齐全。

9.2　海信案例讨论

海信电器通过模块化战略，构筑具有模块化特征的研发与生产自适应系统，为其带来了自适应敏捷性五方面的平衡。本节试图打开企业研发与生产自适应系统"黑箱"，并识别企业自适应敏捷性的结果。

9.2.1　模块化制造能力构筑研发自适应系统

针对外部环境变化，基于模块化的产品开发流程给海信构筑了其研发自适应系统，使企业资源、能力与市场目标重新协调一致，由此带来了研发自适应性。研发自适应系统构筑与结果主要体现在：

第一，通用零部件标准化、模块化设计。具体方法是：使通用零部件标准化、模块化；成立公共平台所，解决产品开发过程中的模块化推广与标准化问题；新产品开发所需的研发平台标准化与模块化。这样开发全新产品时，电路设计工程师、软件设计工程师和结构设计工程师会先检查标准设计和现有设计可否再利用，如果模块库中有满足需求的模块，则用该模块替换实例中的相应模块；没有可利用的模块时再重新设计。新系列推出后，对其架构中的某一模块稍作变动或替换就能衍生出新机型。由于已有模块的存在，在开发新型号产品时，只需设计类似主板的个别模块即可，这样就提高了升级速度。正是公共平台所的模块化和标准化推动了产品的快速升级换代和缩短研发周期。可见，通用零部件标准化、模块化、规模化过程，为企业带来丰富多样的产品系列和型号、快速的技术升级和更新换代、缩短研发周期和快速响应市场需求等三方面的研发自适应性结果。

第二，掌握上游核心技术。首先，企业通过消化、吸收机芯板技术，掌握了机芯板全部模块的研发和生产，从而掌握了上游一个关键技术。其次，2010年，海信电器准确把握行业趋势，通过积极的产业转型，突出高端产业，率先推出智能电视、3D电视等高端产品，引领了行业趋势，抢占了市场主动权。这样，上游核心技术加速了企业前述三方面的研发自适应性结果。

第三，形成快速组合与创新能力。企业具体做法是，开发新产品时，在现有模块的基础上进行组合，只需要设计类似主板的个别模块即可。模块设计稍作改进，就可以衍生出诸多产品系列和型号。比如，在机芯板上多安装一个端子板，从而增加USB接口和

HDMI 接口等。快速组合与创新能力同样实现了前述三方面的研发自适应性结果。

第四，外观与功能差异化。外观差异化上，由设计理念领先的国外研发机构联合国外设计师进行产品外观设计，这吸引了消费者眼球。比如不动底座和后壳，只变前壳，从而实现外观的差异化。功能差异化上，通过改变"屏"和"机芯板"两个关键模块，用相关功能更高的模块进行增加或替换。比如用黑水晶面板替代普通的三星屏，在主板机芯上增加双流媒体和光感变频技术。外观与功能差异化加速了前述三方面的研发自适应性结果。

第五，简化模块与整机的架构。近年来，海尔在模块研发技术领域持续投入，随着海信模块整机一体化设计与制造项目的顺利实施，大大简化了整机与模块的架构。这使企业在 LED 液晶电视背光模块关键技术、整机系统设计、节能技术等方面取得重大突破。简化模块与整机的架构加速了前述三方面的研发自适应性结果。

第六，项目负责制。每开发一个新产品都会成立项目组，项目经理全权负责，项目经理参与新品开发的各个阶段，从概念设计完成到批量生产。整个产品开发流程中：多媒体研发中心总经理（总负责人）、项目经理、产品经理、初始采购、电路设计工程师、结构设计工程师、软件设计工程师、成本工程师、工艺工程师、DQE 工程师、模具工程师、其他职能人员等是项目顺利实施的有力保障。项目负责制是前述三方面的研发自适应性结果的基础。

综上所述，企业三方面的研发自适应性结果的获得是研发自适应系统构筑后综合作用的结果。图 9 - 3 概括了推导出的海信利用模块化产品构架构筑研发自适应系统的模式。

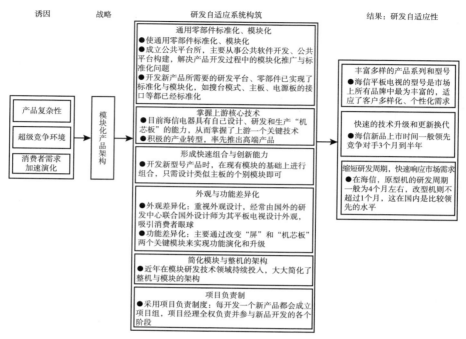

图9-3 海信利用模块化产品架构构筑研发自适应系统的模式

9.2.2 模块化制造能力构筑生产自适应系统

针对外部环境变化，基于模块化的产品生产流程给海信构筑了其生产自适应系统，企业敏捷性的具体措施使系统能够进行自行调整，由此带来了生产自适应性。生产自适应系统构筑与结果主要体现在：

第一，自主生产上游核心部件。具体做法是投产上游核心部件生产线。例如，2007年9月投产了海信电视液晶模块生产线，截至2010年其产能已达到650万片。海信液晶模块发展不仅使中国企业对整机成本的掌控比例一下子提升到了60%以上，而且该技术的引进、消化、吸收使企业将更多自主研发的新技术应用到整机产品上，为消费者提供更多个性化，具备突出功能优势的新产品，为企业在 LED 液晶电视市场上的持续领先提供了强有力的上游产业链支持。可见，自主生产上游核心部件过程，使企业获得缩短生产周期与快速响应市场需求、生产成本优势、产品质量优势等三方面的生产自适应性结果。

第二，降低生产成本。具体做法是：自行生产全部机芯板模块；通用模块所需原材料统一采购，提高议价能力，降低了原材料购置成本和库存管理费用；模块化使企业充分利用中国低成本劳动力的优势，弥补了与国外著名品牌相比自动化程度上的差距。以上做法为企业取得了生产成本的优势。

第三，零部件标准化、模块化、规模化生产。具体做法是：模块化使得海信可以同时生产各种模块板，使全球采购更加简单易行；接口统一标准，方便国内外采购，如可以从中国台湾或者国外进口所需的显示屏，从国内外采购所需零部件；通用部件都标准化，尽量减少所用元器件品种，比如螺丝钉、条形连接器等，较少的模块提高了装配效率、保证了产品质量，缩短产品生产周期。可见，零部件标准化、模块化、规模化生产是前述三方面的生产自适应性结果的基础。

第四，提升产品质量。具体措施是：在生产过程的很多环节设置了质控点；整机组装过程设置专门的检验程序；规定严格的检验标准；并配备专门的质检人员负责对质量的控制；上道工序不合格的产品或零部件根本无法进入下一道工序；每单个模块都是经过各种实验、测验且反复修改优化而形成的技术先进、结构合理的通用件，具有较高的质量，从而保证了由这些模块组装起来的整机质量也非常可靠。提升产品质量的措施使企业取得了产品质量优势，海信电器是同行业中唯一连续四次荣获国家质量奖称号的家电企业。

综上所述，企业三方面的生产自适应性结果的获得是研发自适应系统构筑后综合作用的结果。图9-4概括了推导出的海信利用模块化产品构架构筑生产自适应系统的模式。

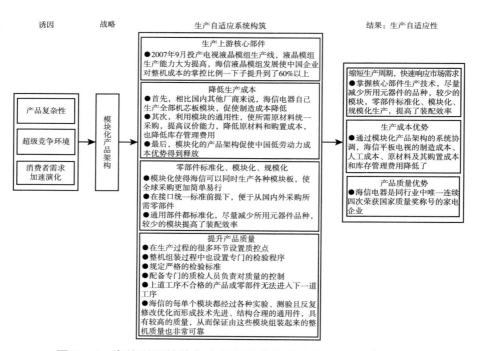

图9-4　海信利用模块化产品架构构筑生产自适应系统的模式

9.2.3　海信案例的创新点探讨

海信模块化的研发与生产自适应系统的构筑，使海信平板电视"集成所有可用的资源（包括技术、员工和组织）到一个自然协调的独立系统，以缩短产品开发周期并快速响应任何突然到来的市场机会"，从而获得了企业自适应的敏捷性。海信自适应敏捷性结果主要从其市场表现上进行分析：

从前文对表9–1的分析已知，同型号产品海信的价格比国外品牌低，比国内品牌高，但功能齐全，海信彩电"性价比"居于国内市场领先地位。下面以主流型号46或47英寸平板彩电作为切入点，进行海信产品系列功能和价格差异化对比分析（见表9–2）。

表9–2　　　　海信46或47英寸平板电视功能演进对比表

	3D电视	LED电视	液晶电视	智能电视
系列（1）	XT68、XT69系列 LED46XT68G3D ￥10368	T29系列 LED47T29PR3D ￥6099 LED47T29GP ￥8199（ZOL）	V88系列 TLM47V88PK ￥6599 TLM47V88GP ￥6789	XT710系列 LED46XT710G3D ￥10999
系列（2）	T293D系列 LED47T29PR3D ￥6099	T28系列 LED46T28GP ￥7690（ZOL）	V86系列 TLM46V86PK ￥5499	XT68系列 LED46XT68G3D ￥10368
系列（3）	K16系列 LED46K16X3D ￥5749	K28系列 LED46K28P ￥69992	V79系列 TLM47V79PKV ￥5299	T39AK系列 LED46T39AK ￥9999（淘宝网）
系列（4）	V78系列 TLM47V78X3D ￥4590	K16系列 LED46K16X3D ￥5749 LED46K16P ￥6199（ZOL）	V89系列 TLM46V89PKV ￥4799	XT39系列 LED46XT39G3D ￥7999
系列（5）		K01系列 LED46K01P ￥4999（京东）	V78系列 TLM47V78X3D ￥4590	T36系列 LED47T36X3D ￥6999（ZOL）

	3D 电视	LED 电视	液晶电视	智能电视
系列 （6）		K11 系列 LED46K11P ￥4899	V66 系列 TLM46V66PK ￥4599 TLM46V66C ￥3704	

资料来源：（1）主要根据 2011 年 9 月 21 日海信商城及官网数据整理，根据当日其他商城价格已在表格中标注。

（2）据 2010 年 11 月 15 日全国家电下乡产品（彩电）项目招标结果公示价格。

表 9-2 中海信产品的市场特征表现在：第一，产品从（1）到（5），主要从外观、屏的质量、刷新率、功能齐全程度、价格上由高端到低端一直发生着或多或少的变化①。第二，电视整体功能的更新换代上呈现多元化、交叉替代的趋势。如：LED46XT68G3D 既是 3D 电视又是智能电视；LED47T29PR3D 既是 3D 电视又是 LED 电视；TLM47V78X3D 既是 3D 电视又是液晶电视。但确定的是，上述产品差异化主要通过改变"屏"和"主板机芯"两个模块来实现的。第三，具有丰富多样的产品系列和型号。同一时点上市的产品系列、类别、型号较多，能够满足不同顾客差异化需求。

海信平板电视产品有几十种机芯、几百种型号，海信销往国内的产品每年都要推出几十种型号，加上 deawoo、hp、sanyo 等贴牌代工的型号就更多了。另外，由于其一向重视对技术的研发

---

① 产品功能的差异化主要用三个指标衡量：屏、分辨率和刷新率，这三点都体现在画面质量上。"分辨率"有 1920 * 1080 和 1366 * 768 之分，2011 年海信所有产品都已达到 1920 * 1080。海信产品"刷新率"也有很多种，有 50Hz、60Hz、75Hz、100Hz、120Hz 之分，越高越好。

和投入，其新产品上市的时间基本做到了领先竞争对手三个月至半年。海信市场上的表现是：具有丰富多样的产品系列和型号，实现了快速的技术升级和更新换代，缩短了研发周期和生产周期，取得了质量和成本优势。在品种、功能、质量、成本（价格）、上市速度5因素上，海信做的比较突出是品种多样、性价比和上市速度。和外资品牌相比，在功能、质量指标上，没有显现其优势。

综上所述，海信通过模块化的研发和生产自适应系统构筑，并不是在品种、功能、质量、成本（价格）、速度上都获得了敏捷性，而是把握好了这些指标之间难把握的平衡，同时平衡了低成本和差异化之间难以把握的"度"，在整体上实现了五因素整体自适应敏捷性的商业生态优势（见图9－5）。

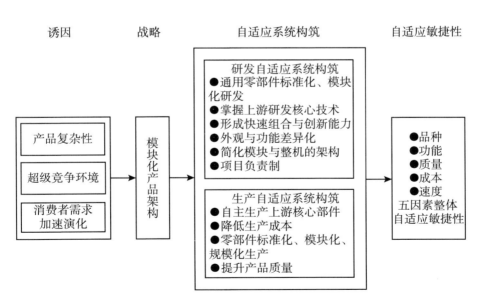

图9－5 模块化产品架构获得企业敏捷性的模型

附录1　海信平板电视模块化架构

　　按照通常分解方法，平板电视包括液晶和等离子①。平板电视具体的架构如附图 A 所示。前壳、屏蔽罩、底座和后壳属于标准化的通用零部件，技术含量相对较低。"前壳""后壳"在外观上起差异化的作用，也是整个电视的外部保护壳。"屏蔽罩"在屏和其他组件之间起屏蔽和防干扰的作用，把各个电路间的相互干扰降到最低或为零。"底座"不与电视主体固定在一起，客户可根据自己需求选择要或者不要。

　　六大模块中最关键部分是"屏"和"机芯板"。"屏"在平板电视成本中占总成本的 50% 甚至 60% 以上。液晶电视的显示部件②就是液晶模块，模块就是我们通常所说的液晶显示屏或液晶面板，相当于 CRT 中的显像管。模块主要分为屏③和背光灯组件，两部分被组装在一起，但工作的时候是相互独立的（即电路不相关）。如果掌握了上游模块技术，中国品牌对平板产品的成本控制能力将大大加强。

---

　　①　液晶电视与等离子的区别：两者之间最主要区别在于工作原理的不同，液晶电视是利用给液晶充电会改变它的分子排列，在不同电流电场作用下，液晶分子会做规则旋转 90 度排列，产生透光度差别的原理。而等离子的发光原理和日光灯一样，是在真空玻璃即放电空间中注入惰性气体或水银气体，然后再利用施加电压的方式，使管内的气体产生放电。

　　②　液晶显示的原理是背光灯组件发出均匀的面光，光通过液晶屏传到人的眼睛里。

　　③　屏的作用就是按像素对这些光进行处理，以显示图像。

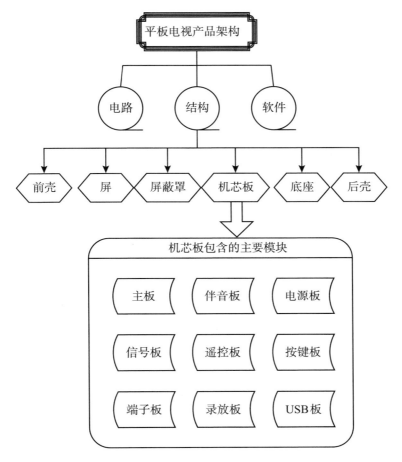

附图 A　海信平板电视产品架构

资料来源：根据访谈记录绘制。

机芯板由很多子模块组成，其中：主板相当于电脑上的 CPU，起总控制的作用，是最主要的子模块，是体现产品功能差异化的关键所在；伴音板处理伴音和其他声音信号；电源板是各个功能的电量来源；端子板起转接作用，主要涉及一些额外功能，比如 DVD 功能的插口处。

附录2　海信新产品开发管理程序

截至访谈时，海信的原生机种（全新产品，A 类项目）开发流程如附图 B 所示。图中的菱形表示项目开发的里程碑阶段，基于项目经理汇报项目进展，项目总负责人决定该里程碑是否通过并给予点评及指示。

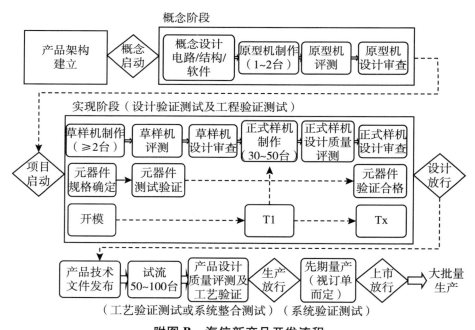

附图 B　海信新产品开发流程

资料来源：海信内部。

第10章

宇通案例：制造能力双元化
架构构筑商业生态优势[*]

本章资料来源于宇通客车官网：https：//www.yutong.com/；以及笔者在企业的调查整理得到。

10.1 宇通案例描述^{**}

郑州宇通客车股份有限公司（简称"宇通"）是一家集客车产品研发、制造与销售为一体的大型现代化制造企业。1993 年股份制改造以前，宇通是一家名不见经传的小厂，公司于 1997 年在上海证券交易所上市（代码 600066），是国内客车行业第一家上市公司。目前，宇通已形成 5 至 25 米，覆盖公路客运、旅游、公交、团体、校车、专用客车等细分市场，包括普、中、高等档次，共计 145 个产品系列的完整产品链。2014 年，公司客车销量突破 61398 辆，居世界客车行业第一；全年实现销售收入 257.3 亿元，净利润

  * 本章资料来源于宇通客车官网：https：//www.yutong.com/；以及笔者在企业的调查整理得到。

  ** 黄江明，丁玲，崔争艳．企业生态位构成商业生态竞争优势：宇通和北汽案例比较 [J]．管理评论，2016，28（5）．

26.1 亿元。宇通 2014 年新能源客车推广 13798 辆，成为世界上第一个节能与新能源客车累计销售过万的企业。宇通主要经济指标连续 22 年增长，近几年，宇通客车远销古巴、委内瑞拉、俄罗斯、伊朗和沙特等海外市场。宇通客车已取得欧盟 WVTA 整车认证，并于 2012 年成功进入美国市场。宇通与商业生态系统的界面在于宇通的产品架构，分为传统和新能源两种。

10.1.1 传统客车模块化产品架构与渐进性创新

1. 传统客车模块化产品架构

汽车产品架构通常由发动机、底盘、车身和电器设备等四大部分组成（李春明，等 2012；唐文初，等 2010；冯晋祥，2007）。本研究分析宇通客车的产品架构，发现其由车身、底盘、电器三大部分组成（见图 10 - 1），车身主要包括外饰、内饰、骨架。门、倒车镜等属于外饰；行李架、空调等附件属于内饰。底盘是核心部分，分为六大组成（或称模块）。（1）动力模块，包括发动机、离合器、变速箱、传动轴；（2）行驶模块，分成车桥、悬架和轮胎；（3）车架模块，是全承载或半承载的车架（从前到后的大梁）；（4）转向模块，包括方向盘、转向拐柱、转向器，直至后方的转向拉杆；（5）制动模块，刹车控制的各种阀类，它通过电子制动系统控制各种阀体、调节制动能力[①]；（6）操纵控制，包括转向、离合、油门、各种开关等控制，先进的防碰撞设备有

[①] 现在的电子控制一般都有自己的 ECU 模块。在制动方面，防抱死和防侧滑。在悬架上面，有电子稳定，比如转弯的时候它会有倾斜。发动机现在都是电控，也有一个 ECU，主要控制喷油量。

雷达或者影像。

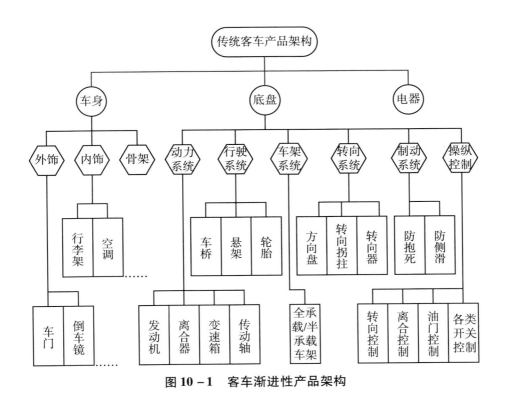

图 10 – 1 客车渐进性产品架构

资料来源：作者根据访谈记录绘制。

客车的各个模块类似各个系统。转向从驾驶到转向的零部件实现系统总成，底盘是一个控制的系统，系统匹配的性能依据客户需求开发。从结构上，宇通的传统公交、客运、旅游、团体等客车架构都一样，包括车身、底盘、电器。客户需求不同，设计理念不一样，存在性能差异。系统之间的连接多是焊接，客车的纵梁、扭腿、横梁都是，焊接的车架比栓接的车架轻。国家标准要求提高安全性，要发展全承载车，必须是焊接。对客车而言，焊接是比较基础的一项工艺。

2. MTO – ETO 双元化与渐进性创新

随着企业规模的扩大，大规模定制的模式逐渐给宇通的供应链管理带来了越来越大的压力。在最初抢占市场阶段，宇通的很多订单都按照客户需求重新设计，这使得宇通客车的车型高达 200 多种。其国际竞争对手在大规模生产模式下，一种车型被设计出来后即被生产出成千上万辆进行销售，采购生产很规范，具有相对较高的利润空间。而宇通在大规模定制的模式下，部分车型仅生产几十辆或上百辆就会停产，采购难以预测，供应也难以保证，成本则会提高很多。

客户的很多个性化需求需要个性化的零部件来配合，有时这些零部件需要供应商重新设计或定做，很难保证供货时间，会导致生产线经常陷于停滞。部分客户甚至要求宇通重新整合底盘，这需要产品安全性等一系列重新测试，交货周期进一步延长。尽管宇通订单响应的最快速度仍是 7 天，但这仅是客户选择现有常见车型时才能获得的时间保证。按订单生产，每个订单都要经历设计到生产、物流的一整套流程，部分订单完成很快，部分要重新设计，进展很慢，各种流程混在一起，管理很混乱。

2007 年，宇通决定转向有序定制。根据引导客户需求的目标，宇通将整个供应链模式分成 "MTO（面向订单生产）、ETO（面向订单设计）、ETO ＋" 等三类。MTO 是指客户订购已有车型，或是不需要重新设计、大量修改就可以投产的车型，这种订单可以迅速投产并完成交货。用 MTO 模式生产客车，宇通可以预先生成比较准确的物料计划以提高采购效率，且因为是成熟产品，客车的质量、安全性也较高。ETO 是指需要大量改动产品设计的订单，需要重新设计、重新采购或定制零部件，交货期普遍较慢，供应链管理复杂。"ETO +"指需要改动底盘的订单，需要重新做客车的安全及质量测试，基本等于重新设计新车型。设计部门根据 ERP 系统中积累的销售数据，分析了不同地区、不同用途的客户需求，对宇通已积累的车型进行了重新整理，剔除不必要的个性化设计，将原有的 200 多种车型缩减到 60 多种。

如今，宇通的销售人员可以根据车型和配件信息尽可能将客户引向 MTO 模式。个性化需求根据不同地区、不同用途、不同气候条件等因素，加上客户对耐用性、安全性等的需求，事先设计出若干种车型，向客户提供更符合他们真实需求的产品。为了支持销售模式的转变，宇通在 ERP 的基础上，进行了配置器系统开发。当销售人员现场拼出车型图后，客户一旦确认，订单会马上传回 ERP 系统，系统自动将订单分配给供应链、生产等部门。MTO 模式下的生产更趋于标准化，个性化定制带来的采购、生产上的不确定性大大减少。

宇通的标准和个性化配置模块实现了传统客车产品架构的改进，改变了以往根据客户天马行空的需求进行工作的无序状态。销售人员根据宇通的现有资源引导客户进行购买，研发人员面对的也不再是具有想象力和个性化爱好的需求，而是一个个被约束好的可执行的产品模块，采购供应更加及时、质优、价低。宇通目前有近 300 款产品由标准配置的模块组成，客户选择其中一款后，可增减、选装、再选择很多种模块。

10.1.2　新能源客车统合化产品架构与突破性创新

（1）新能源客车产品架构与多种技术路径的统合。

新能源客车与传统客车相比，主要差异在动力系统（见图10－2）。新能源客车多种技术路径设计体现在完全通用的产品架构。深度混合动力系统用两个电动机取代传统的滑速器和变速箱，发动机效率比传统小。传统客车动力系统最核心的零部件是发动机、滑速器（自动功能）、变速箱，影响整车性能，所占成本也最高。深度混合动力新增整车等控制器，不需要外接电源充电，自动将能量回收，存放超级电容或电池里，驱动时再用，是节油的原因。

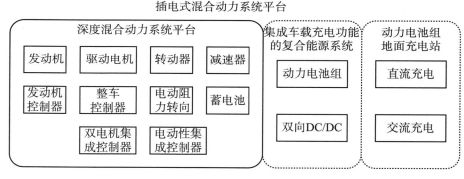

图 10－2　客车突破性动力系统平台的架构

资料来源：作者根据宇通访谈记录绘制。

从深度混合到插电式混合动力系统，核心零部件全部保留，只是增加了电池的容量。双向DC/DC是指可以从高压到低压，也可以从低压到高压，能量是双向的，具备直流充电和交流充电功能。

交流充电不需要专门的设施，只需要 380V 电源，保证了车的应用性。不足是充电时间较长，不能突然加太大负荷。可通过建立专业大型充电站，提高充电效率。

纯电动客车是在图 10 - 2 基础上，把发动机去掉，加大电池。纯电动的普及取决于两个因素。一是专用充电站的普及。二是电池的技术水平。如果取得突破，成本降低到目前的 1/5，寿命延长 3 倍，可不需要发动机。反之，就需要发动机对电池的保护，保证电池工作平稳，输出恒定功率。燃料电池处于预研或跟踪性研究阶段，预计 10 年、20 年甚至 30 年后才形成成熟产品。宇通在做一些纯电动客车相关性的试验，暂时无销售。

（2）核心零部件平台化与突破性创新。

宇通研发规划上是统合考虑，动力系统技术路径的通用性平台化。尽管深度混合动力技术，产品的布局趋于成熟。战略实施是从研发开始，以通用平台主线来拉动方案。比如，混合动力的整车控制器、整车控制技术、电机及其控制器的开发，都可运用到纯电驱动平台。从系统角度，客运、公交、旅游和校车等新能源客车都可通用，不需要重新开发。

为了降低成本，新能源客车用最少的产品平台满足最多的市场需求。只要把图 10 - 2 右侧两大模块去掉，就是一个深度混合动力系统。核心零部件完全通用，机械接口、电器接口提前规划好，增加电池接口。宇通动力系统平台的硬件架构一样，区别在软件、长短。2011 年，在 10 米、11 米、12 米、13.7 米四个产品平台基础上，宇通开发了约 15 种型号，主推 10 米、11 米、12 米 3 个平台，覆盖了主要客户需求。为实现模块化的链接，宇通的动力系统平台实现了技术文件支持。机器接口、电器接口标准化后，按照技术手册的说明实施即可。技术升级保证接口数量或者接口零部件的数量降低到最少。

10.2 宇通案例讨论

10.2.1 核心企业内部双元化架构

核心企业内部是模块与统合的双元化架构。宇通内部分为技术、市场、供应、信息等业务部门，具有双元化的内部组织架构，以技术部门为例加以说明。

在分析宇通技术部门架构之前，先分析其流程、使命和愿景。宇通技术管理包括三大流程：（1）顶层的产品管理，从了解市场、市场细分、产品规划到产品上市后生命周期的管理，由公司高层组成的产品管理委员会与产品经理团队执行；（2）中间层的产品开发，从产品策划、验证、实现到上市，以及上市后维护，是核心业务流程；（3）底层的技术开发（或称为平台开发），是全新的技术提前进行预演、开发，结果用于新产品开发项目，如新能源客车的控制系统由新能源技术部提前做预演，再进行集成和应用。宇通从公司内部定义技术体系的使命：持续快速推出有竞争力的产品，不断提高公司的核心能力，掌握核心技术。宇通根据产品技术管理和工艺实现宏观愿景。

宇通技术部门的组织架构见图 10 - 3。首先有七个纵向业务部门，按前述三大流程划分。产品管理流程由产品规划部负责，通过市场研究，了解整个行业的发展趋势、政策法规的动态，规划后续 1~3 年的产品。技术开发流程由技术研究院负责，分为新能源技术部和基础研究部，做技术的开发预研及其转化。产品开发部、产品验研部和工艺部沿着产品开发，完成前述第二大流程。产品开发部负责从上市维护、产品完善到产品的公布。技术研究院做前瞻性技术，产品开发部做市场性产品。海外作为未来重要战略市场，为了更贴近海外市场，专门成立海外产品管理部。

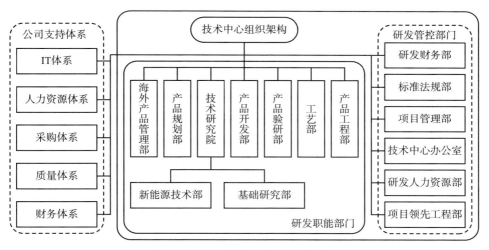

图 10 - 3　宇通技术中心组织体系

资料来源：根据访谈记录绘制。

为了整个业务流程运转顺畅，控制好质量，宇通在横向设有 6 个研发的管控部门。研发财务部负责研发费用的管理，包括研发的预算、成本。标准法规部负责国家、行业标准的跟进和执行，建立企业的标准体系。项目管理部统一管理产品开发项目。技术中心办公室负责具体研发业务的流程、制度、数据管理。研发人力资源部负责招聘、培训、职业通道、绩效、薪酬。项目领先工程部，实现产品和零配件的通用化。

以上13个部门，从行政角度是并列关系，属于矩阵式的管理。公司的IT、人力资源、采购、质量、财务体系是研发的支持体系。

10.2.2 核心企业与商业生态系统双元化架构

核心企业与商业生态系统模块与统合的双元化架构的关键是核心企业与商业生态系统的界面与链接方式，核心企业产品架构界定了与商业生态系统统合的界面。产品架构的模块化创新上，各零部件（模块）与商业生态系统的链接方式一样，本质上没有太大的不同，仅因为客户要求不同造成设计理念的差异。不同的细分市场，技术适应点不同。客运客车追求动力性、可靠性、经济性和操纵性。旅游客车更追求区域适应性、舒适性、影音设备和美观性。公交客车追求人员流动速度、经济性、减排和特殊设计。团体客车追求可靠性、舒适性、提速性、运输规划和经济性。校车侧重考虑安全性、造型和发动机的震动。专用客车侧重考虑朝阳产业的客户需求特性。产品架构的突破性创新上，从客户的角度强调安全、节油、出勤率（或故障率、可靠性）、高档等4项指标。技术路径统合后，接口全都标准化，并保证接口数量或者接口零部件的数量最少，因此新能源核心零部件供应分为四类：自制，委托给代工厂制造，委托供应商按照要求设计，采购供应商的辅件类既成品。

核心企业与商业生态系统的链接方式上，基于产品架构在技术、市场、供应、信息等维度统合。主要包括四方面：第一，技术性能与市场需求的适配性。宇通传统客车要求产品可靠性高，区域适应性强；针对客户需求，细化产品的技术性能，开发出与之适配的产品。第二，订单沟通与销售预测的准确性。通过与客户沟通基本信息、履约信息、如何签单三步骤实现准确性，获取订单的判定日期、价格、资金来源。第三，订单信息依次在市场、技术、供应等方面的快速闭环性。宇通在市场部门区分配置模块下订单，完成后在技术、供应等方面执行评审流程，市场、技术、供应等方面的反馈信息要求必须两天内完成。第四，订单配置在市场、技术、供应的联动性。宇通配置器模块化的完善向产品导向型（MTO）发展，兼顾客户导向型（ETO），根据订单的分类管理拉动整个运营。

10.2.3　宇通案例的创新点探讨

宇通案例的创新点主要表现在两方面：

第一，突破性创新的产品架构有模块化和统合化的双元特征。以新能源客车为例，如果对典型的产品架构进行分解，可以分为三层：第一层是客车，模块化产品架构；第二层是通用部件，模块化产品架构；第三层是新能源动力装置，统合化产品架构。即使是模块化产品架构，在某一阶层中（比如动力装置）依然能发现其具有统合化产品架构的特征。

第二，本研究揭示了核心企业制造能力双元化架构构筑商业生态优势。产品架构与商业生态系统改进和衍生的过程模型见图 10 - 4，补充完善了 Moore 提出的核心企业对商业生态系统改进和重建的框架。核心企业可投资于核心产品的持续改善，也可创建新的替代产品，改进或重建生态系统。本研究揭示出核心企业维持性产品架构与商业生态系统改进的链接关系，以及核心企业突破性产品架构与商业生态系统衍生的链接关系。当商业生态系统在政策、技术、市场、供应等方面存在巨大风险时，核心企业可以选渐进性产品架构创新，推动商业生态系统在技术、市场、供应、信息等方面的改进。当商业生态系统在政策、技术、市场、供应等方面取得某一重要突破时，核心企业可以选择突破性产品架构，即围绕核心零部件（新能源动力装置）衍生出新产品，促进商业生态系统在政策、技术、市场、供应等方面的衍生。

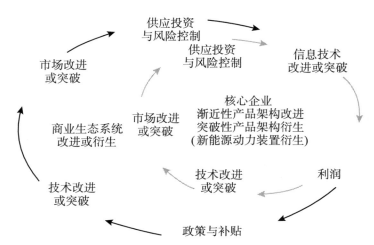

图 10 - 4　核心企业产品架构与商业生态系统改进和衍生的过程模型

资料来源：作者基于宇通案例推导。

第11章

比亚迪案例：模具制造能力
构筑商业生态优势[*]

11.1　比亚迪案例描述^{**}

北京比亚迪模具有限公司（简称北京比亚迪模具）隶属于比亚迪股份有限公司（简称比亚迪）的第十二事业部，该公司主要为比亚迪汽车车身钣金冲压生产线提供模具，并同时生产配套的冲压件检具。北京比亚迪模具的前身为北京汽车制造厂的工具分厂^①，成立于1958年，而北京汽车制造厂的前身则是国民党的军械修理所。1979年1月，北京汽车制造厂同美国汽车公司（AMC）^②谈判，经

---

　　* 本章资料来源于比亚迪汽车官网：http：//www. bydauto. com. cn/auto/index. html；以及笔者在企业的调查整理得到。

　　** 欧阳桃花，丁玲，黄江明. 汽车模具制造能力深化路径与能力构筑竞争：北京比亚迪模具案例［J］. 管理学报，2012，9（2）.

　　① 工具分厂负责汽车生产工艺装备的模具，有铸造、锻造、冲压等模具部门和刀具、量具、卡具、辅具等辅助部门，分工比较精细和全面。

　　② AMC 美国汽车公司，全名为 American Motors Corporation，1954 年由大型的独立汽车制造商 Hudson 与 Nash – Kelvinator Corporation 合并为 American Motor Corporation。AMC 汽车的总部设在芝加哥，主要是以生产中型轿车为主。

过 4 年多的艰难合资谈判，于 1983 年 5 月成立北京吉普汽车有限公司（简称北京吉普，是中国汽车工业第一家合资企业）。该公司引进、消化、吸收 AMC 公司切诺基先进技术，提高与完善 BJ212 系列产品，迅速获得中国吉普车市场认同，其产品一度位居前三甲。1998 年，北京吉普开始出现亏损，外观陈旧的 BJ212 产品无法应对中国市场的快速变化。2002 年，北京吉普为了降低成本，扭亏为盈，将其工具分厂（包括设备、人员、模具）最先剥离出来。同年 6 月，该工具分厂成为具有独立法人资格的北京吉驰汽车模具有限公司（简称北京吉驰）。2003 年，比亚迪对北京吉驰进行了资产重组，成立了北京比亚迪模具有限公司。

　　北京比亚迪模具及其前身的模具制造能力构筑过程主要历史事件见图 11 - 1，主要分为 3 个重要阶段。

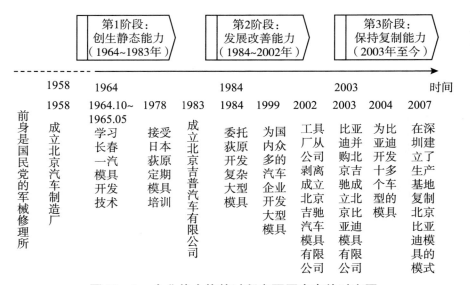

图 11 - 1　企业能力构筑过程主要历史事件时序图

资料来源：作者基于企业数据整理。

11.1.1 外部培训与干中学

1964 年 10 月至 1965 年 5 月派遣大学生赴长春一汽（苏联的汽车制造技术）学习模具开发技术与 1978 年接受日本荻原公司的模具开发培训，对该企业模具开发能力的创生产生了重要影响。

1964 年 10 月，北京汽车制造厂派遣六七十名刚毕业的大学生赴长春一汽学习模具开发技术。在师徒传授的学习模式下，这些毕业生们初步掌握了二维技术条件下模具的设计与开发。学成回京后，他们基于 BJ210（苏联"嘎斯 69"）的技术，先后设计了 4 批 BJ212 的模具。BJ212 正式投产于 1966 年，按计划先后生产了 1000 辆，3000 辆、5000 辆和 10000 辆。

1978 年日本荻原公司于同年在北京建立了荻原办事处，通过定期介绍荻原的模具技术，宣传荻原模具品牌，也对国内的模具企业起到了培训的作用。在此期间，工具分厂通过与荻原合作，学习荻原模具开发过程和大规模与标准化生产方式，同时也认识到了自身与国际一流企业的差距。

11.1.2 业务合作与融合

1984 年新成立的北京吉普委托荻原开发 BJ212 覆盖件等模具，工具分厂配合做相关备件。委托合同是美国技术人员带领中方技术人员与荻原谈判后签订的，细致且规范。荻原每次培训工具分厂 3 位技术人员，主要技术人员受邀赴日本荻原工厂参观，这些举措开阔了中方技术人员的眼界，也使中方深刻地意识到与日方的差距。如当时的工具分厂开发模具采用铁、钢作为制作材料，而获原使用铜这种材料，优点是干净、美观、不生锈。

1999 年，由于北京吉普亏损，产品线收缩，工具分厂承接不到新车型的模具开发任务。为了企业能够生存，他们投标承接外部企业委托开发模具任务。同年，银川某军工企业由于没有验收模具的经验，向北京吉普高管寻求技术支持。北京吉普技术专家在协助验收模具的过程中，感受到了工具分厂经过多年学习与实践已有能力和底气去外部承接业务。

2000～2001 年，工具分厂承接了来自丰田的 11 套模具开发任务。丰田把所有的模具开发思想与要求都清楚地写在合同中，工具分厂从中掌握了丰田开发模具的理念与技术，具体体现在以下三项技术改进上：第一，改进拉延模气垫顶杆的放置方式。之前的工具分厂对于顶杆的放置方式为用到哪个顶杆时安装哪个顶杆，这使得冲压生产过程中只要替换模具，就要把顶杆推起来重新排布，即增加工作量又不易取得平衡。另外，在顶杆的反复排布中，一旦出现错误，就会使顶杆与模具相撞，造成后者开裂损坏的严重后果。丰田的做法是，把所有的顶杆全装进一个工作台，在模具运行中用哪根顶杆时，那根顶杆就与模具本体发生作用，不用更换，也就不会出现错误。工具分厂当时更换一套模具需要半个小时以上，而丰田更换一套模具的时间一般只有 10 分钟至 20 分钟，是中方效率的两倍。第二，工具分厂没有设计自动生产线模具的经验，但是向丰田学到了模具的半自动化，并且从当时的国内情况考虑，这种半自动化对生产更有意义。国内送件取件一般都是人工，重量不轻的制件在成形后仅仅贴在模具上，压机不断的开开合合，人工取件十分危险。丰田发明了扒钩[①]，代替人工将冲压好的零件剥离最危险的压机工作区域，即降低了工人的劳动强度和劳动危险，又提高了生产效率。第三，学习丰田产品设计过程中降低成本的方法。如丰田的多件共模技术，以及模具精度并不要求达到 0.1 毫米等理念。

此外工具分厂也为上海通用、美国 SPX 公司、施耐德（北京）中压电器公司等知名企业设计和制造过模具，在获得几十套或十几套的订单的同时，也通过承接外部业务提高模具开发能力。

11.1.3 企业扩张与衍生

2003 年比亚迪与北京吉驰进行了资产重组后成立了北京比亚迪模具，不仅对原公司正式员工 108 人全部留用，还返聘了已经退休的十几位员工，该公司每年大量招聘技术人员和车间技工，在经历了一次拆分之后，仍拥有员工近 1000 人。

2003 年至今，比亚迪在西安、上海、北京、深圳、长沙、惠州等地持续扩张和布局自己的汽车产业，工厂硬件设备被不断复制，技术人员则不断的分散到新厂。如比亚迪第十二事业部于 2007 年在深圳建立的生产基地复制了北京的模式，并在 2008 年的春夏之交将北京地区近半数的技术人员和车间技工分散至深圳新厂。

---

① 通过压床的开合驱动一个钩子样的机构将冲压好的零件或废料勾离模具。

（1）F3 产品开发。

2004 年秋天到 2005 年夏天北京比亚迪模具承接了 F3 车型模具的开发工作。F3 借鉴了日、韩系汽车的"mm"设计理念（即表示人能够享受车内空间的最大化，车辆所必须的零部件占有空间最小）。比亚迪在 F3 之前也曾设计了四个车型，又由于各种原因被终止，但也为 F3 模具的开发奠定了基础。F3 从 2004 年 6 月开始设计，到 2005 年的 10 月总装下线，仅用了 18 个月时间。F3 在开发流程上吸取了丰田、通用、大众产品开发的优点，通过同步设计、同步试制、同步制造、同步试验大大缩短了这款车型的开发周期。从 F3 外观上，可以看到丰田花冠前脸、飞度尾部、威驰腰线的影子，主要是基于花冠进行局部外观的改造，对于内部，例如发动机、电子箱等结构和尺寸基本上都选择沿用。比亚迪对这款车型的宣传点集中在低油耗和实用性上，F3 投放市场后，通过 4 年时间的经营，获得了消费者的认可，长期雄踞单一车型的销量榜首，2010 年 F3 销售量为 26.39 万辆（见表 11 – 1）。

表 11 – 1 内部人士对企业能力构筑的不同观点

内部人员	事件或职责	观点
王传福	CEO	将获原车体成型方面的先进技术，应用在比亚迪汽车生产上，进一步提升自身技术水平，完善产业链条
日本专家	来自于获原专家	公司与获原在管理和技术上差距甚远
设计骨干	在馆林工厂学习	他们都不带我玩①

---

① 在日本获原、大学毕业后先到车间工厂做模具基础工作，5～10 年后才可能使其做模具设计。而中国大学毕业的 2～3 年后，就可以从事设计。馆林工厂知道派来的中方设计人员是大学刚毕业不久，所以根本不愿意带他们做模具设计。

续表

内部人员	事件或职责	观点
资深工程师	负责技术引进、模具设计与总开发	跟国内外一流企业比较，我们的软件和硬件差的不太远，但我们的经验和专业化程度差很多，技术设计的思想落后
设计科长	管理公司一个设计科	公司学习能力强，与一流模具企业在管理和技术上的差距不大。有成本优势，开发周期比日本企业短
设计人员	从事设计工作	公司最大的问题是地域和产品总类扩张太快，员工平均工龄1.8年，技术积累存在问题

（2）能力融合处于艰难的过程。

2010年4月比亚迪收购了荻原旗下的馆林模具工厂。按照协议，馆林工厂不断派人来北京比亚迪模具进行技术指导，每次派两个人、两个月轮换一次。目前日方与中方技术人员的融合过程比较艰难，在模具开发的技术和理念两方面存在较大差异（见表11－1）。

11.2　比亚迪案例讨论

通过对北京比亚迪模具及其前身企业的模具制造能力数据观察，发现北京比亚迪模具研发能力演化路径经历了三个阶段（见图11－2），每一个阶段的吸收能力呈现不同的特征，并深刻影响企业能力构筑竞争优势。

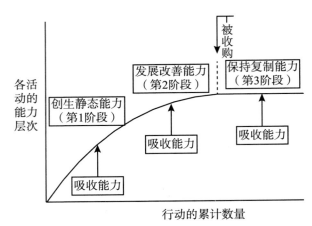

图 11 - 2　模具制造企业的能力演化路径模型

11.2.1　企业的能力演化路径

北京比亚迪模具及其前身的模具制造能力演化折射了中国模具业的发展历程，共经过了以下三阶段：

第一阶段创生静态能力（1964~1983 年）。企业在相对静止的外部环境下经过相当长时间的积累，创生了模具研发能力与标准化、规模化生产管理能力。其特征是企业在相对静态的外部环境下吸收先进企业经验，其模具开发与制造系统基本能够反复、准确、有效处理模具制造等各种信息。

第二阶段发展改善能力（1984~2002 年）。企业在渐趋激烈的外部竞争环境下，融合了一部分日本模具设计理念与技术，开发与制造较为复杂的汽车模具。以低成本优势获取订单。其特征是企业在激烈的外部竞争环境下，不但可以处理静态信息，还可以迅速、有效地吸收一流企业的经验，有效的解决模具研发与制造等各种问题。

第三阶段保持复制能力（2003 年至今）。企业在激烈的外部环境下，承接来自比亚迪内部模具开发业务，保持了产品、工艺、管理和软硬件系统等方面的复制能力。其特征是企业在激烈的外部竞争环境下，企业积极扩张和衍生，不但可以处理静态信息，还可以迅速、有效地解决模具制造等各种问题，并复制与扩张。

11.2.2 吸收能力层次影响中国模具制造能力的构筑过程

运用文献研究中得出的吸收能力的理论框架分析北京比亚迪模具制造能力演化过程，建立如图 11 - 3 所示中国模具制造企业的能力构筑过程模型。

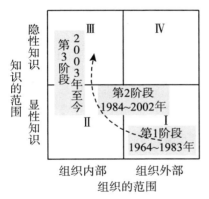

图 11 - 3 中国模具制造企业的能力构筑过程模型

第 1 阶段，该企业模具制造能力在最初形成过程中，积极学习组织外部的显性知识。比如年轻技术人员赴国内领先企业长春一汽，在"师带徒"学习模式下，"采集"了师傅的模具制图知识，并"应用"到模具设计和制造中。此外，通过日本获原的模具知识培训获得了标准化、规模化的生产管理能力。因此，这个阶段该企业的吸收能力位于图 11 –3 的第 Ⅰ 象限，重视积累来自组织外部的显性知识。企业通过"采集、同化"外部的技术文件、模具产品、合同等"显性知识"，"转化"与"应用"到模具和制造中，获得了"潜在的、实现的"能力。

第 2 阶段，该企业通过委托与承接来自先进企业的订单业务，开放式学习组织外部的显性知识，发展了企业改善能力，积累相关的隐性知识。首先，北京吉普获得了来自获原培训并通过委托获原制造大型复杂汽车模具，其次，工具分厂因北京吉普亏损，难以获得来自企业内部订单，为了生存广泛地投标，承接了丰田等先进企业的模具委托加工订单，在干中学习与提升了模具开发能力。因此，该企业通过不断"采集、同化"了一流企业的合同、工艺设计、技术文件、模具产品等"显性知识"，培养了对外承接业务能力与提供"相关技术的解决方案"的能力，其吸收能力位于图 11 –3 的第 Ⅰ 、Ⅱ 、Ⅲ 象限之间。

第 3 阶段，在企业模具制造的复制能力形成过程中，企业通过资产重组日本获原的馆林工厂，把外部知识内部化，重视积累并在组织内部扩散隐性知识。此阶段企业吸收能力呈现两个特征：第一，只承接企业内部业务，积累"隐性知识"，开发了包括 F3 和 F3DM（Dual Mode，双模电动车）在内的汽车模具。第二，在企业扩张与衍生的过程中，快速进行产业布局，复制企业内部积累的显隐性知识。企业的吸收能力位于图 11 –3 的第 Ⅱ 、Ⅲ 象限之间。

中国模具制造能力经过了四十多年发展，尚处于"复制能力"层次，也未能实现图 11 –3 的第 Ⅳ 象限即吸收能力的最佳状态。这是因为一方面，大部分的中国企业尚未重视积累隐性知识，且也缺乏隐性知识在组织内外部扩散以提升整个产业链制造水平。另一方面，企业知识积累和流动是单方向的即外部显性→内部显性→内部隐性知识（图11-3虚线方向所示）。"隐性"知识大多被掌握在少数人头脑中，缺少"显性化"（如显性与隐性知识间的对话过程）、"编码化"（如与具有嵌入式知识的企业合作）的转化过程，这或许是大多数中国企业缺乏也不能培育自主创新能力的关键因素。

11.2.3 比亚迪案例的创新点探讨

通过上述分析发展中国企业的吸收能力呈现单层次，缺乏双元性的特征。能力双元化指企业在权衡复杂情景，同时具备并能应用两种不同活动的能力。Simsek从以下三方面界定了能力双元化：（1）在组织结构、流程、行为等方面具有探索（Exploration）和应用（Exploitation）的两种能力；（2）在企业价值链各环节，具备探索（新知识）和应用（旧知识）两类必要的学习能力；（3）强调企业同时具备通过探索和应用获取高层次的企业绩效，而不是低层次"平衡"。

中国模具企业重视学习组织外部的知识并应用于企业内部，但不重视通过知识的扩散提升整个产业价值链的竞争水平。而丰田却强调知识的积累和扩散以不断提高模面设计①的自主创新能力，重

---

① 传统的冲压工艺设计采用工序图或是DL图，其模面设计也较为粗略，以这样的图纸指导下的工艺造型，必须在后序靠人工修整、制造工艺弥补，造成模具制造的人工钳量很大、周期延长。丰田在设计阶段通过计算机的曲面造型，完成模面的精细设计。比如：针对进料量不同设计各种拉延筋，同一套模不同部位的拉延筋截面不同，防回弹、过拉延处理，最小压料面设计，凸凹模不等间隙设计等等。精细模面设计可以减少型面加工，减少钳修，减少试模工时等，提高模具开发效率。

视将个人的、"隐性的"知识在组织内部不断"显性化""编码化",并快速转化为集体的共享知识。因此,丰田积累与扩散显性和隐性知识并使之不断地循环改进,从个人到集体的共享,从应用到探索的切换。丰田形成了其他企业难以模仿的可持续创新能力。由此,丰田模具开发的能力双元性提升了企业的吸收能力层次,促进制造能力构筑商业生态优势,而中国企业吸收能力的非双元性可能导致其制造能力与世界先进水平的差距进一步扩大。

尽管比亚迪汽车 F3 于 2005 年 10 月投放市场以来至 2009 年,以低成本优势每年获得 100% 增长率。但是随着中国汽车市场的竞争加剧,比亚迪汽车竞争能力面临了严峻挑战,据比亚迪 2011 年 8 月 23 日在香港发布的半年报显示,比亚迪 2011 年上半年实现营业收入 225.45 亿元,同比下降 10.77%;归属于上市公司股东的净利润为 2.75 亿元,同比下降 88.63%,比亚迪称是因为汽车业务销售规模下降所导致。但究其根本原因依然是比亚迪汽车产品缺乏核心竞争能力。

本篇小结

本篇旨在以海信电器为案例研究，系统揭示中国平板电视的模块化研发与生产自适应系统构筑过程与驱动因素、路径；以宇通为案例研究对象，研究核心企业的产品架构创新从渐近性向突破性衍生，以及企业组织、商业生态系统架构创新演化的过程、特征及原因；以北京比亚迪模具为案例研究对象，探讨中国汽车模具企业能力演化路径，能力构筑竞争的原因、过程与特征。本篇基于海信案例，构建了模块化提升企业敏捷性的理论模型，通过模块化构筑研发和生产自适应系统，可以给企业带来品种多样、功能先进、快速上市、高质量、低成本等企业敏捷性。本研究通过宇通案例，突破性创新的产品架构形成了模块化和统合化的双元特征，揭示了核心企业制造能力双元化架构构筑商业生态优势的过程模型。通过对比亚迪模具企业的观察研究，发现模具制造能力演化经历三阶段：创生静态能力，发展改善能力，保持复制能力，吸收能力的非双元性制约着中国企业自主创新能力的发展。

本书认为外部环境变化促使核心企业重视发展研发能力，制造能力双元化的层次不同将系统地影响企业能力演化路径以及能力构筑竞争的差异性。本书对制造能力设定两个维度：（1）显性和隐性知识吸收能力。知识是指企业拥有的一套技能、知识和经验，由企业先前知识库、知识检索积累的经验和员工个人的技能决定。显性知识包括机械设备、产品和工艺设计、部件说明书、工作指南、质量控制和标准、书面文件等；而隐性知识则指员工技能、嵌入式的生产和管理系统、组织文化、其他隐性因素等。（2）模块化和统合化产品架构能力，企业获取显性与隐性知识是来源于组织内模块化和统合化产品架构。两个维度，四个象限则代表企业制造能力的层次。

第 12 章

总　结

本书基于企业竞争优势理论，选择宇通、北汽、联想、百度、海底捞、海信、比亚迪 7 个核心企业为案例研究对象，从企业生态位、组织双元化、制造能力双元化构筑商业生态优势的视角，结合核心企业发展阶段和中国生态环境特征，研究核心企业构筑商业生态优势。研究结果分为三部分：企业生态位分离与重叠构筑商业生态优势，核心企业组织双元化构筑商业生态优势的过程模型和演化路径，核心企业制造能力双元化的层次导致构筑商业生态优势的差异性。本书的理论发现如图 12 - 1 所示。

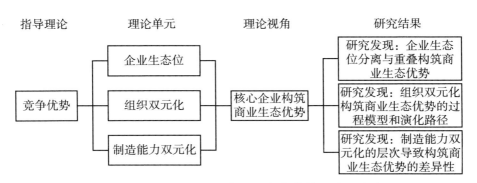

图 12 - 1　核心企业构筑商业生态优势的理论研究发现

资料来源：笔者推导。

参 考 文 献

［1］陈传明.企业战略调整的路径依赖特征及其超越［J］.管理世界，2002，（6）：94－101.

［2］陈力田，吴志岩.战略转型背景下企业创新能力再构的二元机理：信雅达1996—2012年纵向案例研究［J］.科研管理，2014，35（2）：1－8.

［3］邓少军，芮明杰.高层管理者认知与企业双元能力构建——基于浙江金信公司战略转型的案例研究［J］.中国工业经济，2013（11）：135－147.

［4］［美］汉南，弗里曼.组织生态学［M］.彭璧玉，李熙，译.科学出版社，2014.

［5］［美］马尔科·扬西蒂，罗伊·莱维恩.共赢：商业生态系统对企业战略、创新和可持续性的影响［M］.王凤彬，等译.北京：商务印书馆，2006.

［6］［美］奥德姆，巴雷特.生态学基础（第5版）.［M］.陆健健，王伟，王天慧，等译.北京：高等教育出版社，2009.

［7］欧阳桃花，崔争艳，张迪，曾德麟，胡京波.多层级双元能力的组合促进高科技企业战略转型研究——以联想移动为案例

［J］. 管理评论，2016，28（1）：219－228.

［8］欧阳桃花. 中国企业模块化产品开发与市场机制——以海尔为案例［J］. 大阪产业大学，2006（8）.

［9］钱吴永，李晓钟，王育红. 物联网产业技术创新平台架构与运行机制研究［J］. 科技进步与对策，2014，31（9）.

［10］［日］青木昌彦，安藤晴彦. 模块时代：新产业结构的本质［M］. 周国荣，译. 上海：上海远东出版社，2003：15－20.

［11］宋燕飞，邵鲁宁，尤建新. 互补性资产视角下的电动汽车企业生态位评价研究［J］. 管理评论，2015，27（9）：108－119.

［12］［日］藤本隆宏. 关于产品架构比较优势的一个考察［R］. 东京大学制造业经营研究中心（MMRC），2005.

［13］［日］藤本隆宏. 能力构筑竞争［M］. 许经明，李兆华，译. 北京：中信出版社，2007。

［14］［日］藤本隆宏. 生産システムの進化論［J］. 日本経済新聞社，1997.

［15］［日］藤本隆宏·新宅純二郎. 中国製造業のアーキテクチャ分析［N］. 东京：東洋経済新報社，2005：86－88.

［16］魏江，陶颜，胡胜蓉. 创新系统多层次架构研究［J］. 自然辩证法通讯，2007，29（4）.

［17］许芳，李建华. 企业生态位原理及模型研究［J］. 中国软科学，2005，（5）：130－139.

［18］周钟. 企业知识刚性理论及其应用研究［D］. 上海：华东理工大学，2013.

［19］朱朝晖，陈劲，陈钰芬. 探索性技术学习和挖掘性技术

学习及其机理 [J]. 科研管理, 2009, 30 (3): 23 –31.

[20] 朱瑞博, 刘志阳, 刘芸. 架构创新、生态位优化与后发企业的跨越式赶超——基于比亚迪、联发科、华为、振华重工创新实践的理论探索 [J]. 管理世界, 2011, (7).

[21] Agarwal, R. Helfat, C. E. Strategic renewal of organizations [J]. Organization Science, 2009 (20): 281 –93.

[22] Albert, D, Kreutzer, M, Lechner, C. Resolving the paradox of interdependency and strategic renewal in activity systems [J]. Academy of Management Review, 2015, 40 (2): 210 –234.

[23] Antai, I. Supply Chain vs Supply Chain Competition: A Niche-based Approach [J]. Management Research Review, 2011, 34 (10): 1107 –1124.

[24] Antonioa, K. W, Yama, R. C. M. and Tang, E. The impacts of product modularity on competitive capabilities and performance: An empirical study [J]. International Journal of Production Economics, 2007 (105): 1 –20.

[25] Atuahene-gima K. Resolving the capability – rigidity paradox in new product innovation [J]. Journal of marketing, 2005, 69 (4): 61 –83.

[26] Baldwin, C. Y. , Clark, K. B. Design rules, Volume 1: The power of modularity [M]. Cambridge: MA: MIT Press, 2000.

[27] Barreto, I. Dynamic capabilities: A review of past research and an agenda for the future [J]. Journal of Management, 2010, 36 (1): 256 –280.

［28］ Brusonis, S. and A. Prencipea. Unpacking the black box of modularity: technologies, products and organizations ［J］. Industrial and Corporate Change, 2001, 10 （1）: 179 – 205.

［29］ Burgelman, R. A. Intraorganizational ecology of strategy making and organizational adaptation: Theory and field research ［J］. Organization Science, 1991 （2）: 239 – 262.

［30］ Burgelman, R A. Strategy as vector and the inertia of coevolutionary Lock-in ［J］. Administrative Science Quarterly, 2002, 47 （2）: 325 – 357.

［31］ Burns, T, Stalker, G. M. The Management of Innovation ［M］. London: Tavistock. 1961.

［32］ Caniëls, M. C. J. , Romijn, H. A. Actor networks in strategic niche management: insights from social network theory ［J］. Futures, 2008 （40）: 613 – 629.

［33］ Cao, Q. , Simsek, Z. , Zhang, H. Modeling the joint impact of the CEO and the TMT on organizational ambidexterity ［J］. Journal of Management Studies, 2010, 47 （7）: 1272 – 1296.

［34］ Capron, L. and Mitchell, W. Selection capability: how capability gaps and internal social frictions affect internal and external strategic renewal ［J］. Organization Science, 2009 （20）: 294 – 312.

［35］ Cohen, W. M. , Levinthal, D. A. Absorptive capacity: a new perspective on learning and innovation ［J］. Administrative Science Quarterly, 1990 （35）: 128 – 152.

［36］ Dovev Lavie. Capability Reconfiguration: An Analysis of Incumbent Responses to Technological Change [J]. Academy of Management Review, 2006, 31 (1): 153 –174.

[37] Duncan, R. B. The ambidextrous organization: Designing dual structures for innovation [A]. Kilmann R H, Pondy L R and Selvin D, eds. The Management of Organization [C]. North – Holland, New York, 1976 (1): 167 – 188.

[38] Dyba, T. , T. Dingsøyr. Empirical studies of agile software development: A systematic review [J]. Information and Software Technology, 2008 (50): 833 – 859.

[39] Eisenhardt, K. M, Furr, N. R, Bingham, C. B. Crossroads-microfoundations of performance: balancing efficiency and flexibility in dynamic Environments [J]. Organization Science, 2010, 21 (6): 1263 – 1273.

[40] Ernst, D. Limits to Modularity: Reflections on Recent Developments in Chip Design [J]. Industry and Innovation, 2005, 12 (3): 303 – 335.

[41] Fine, Charls H. Clockspeed: Wining industry control in the age of temporary advantage [M]. Reading, MA: Peruseus Books, 1998.

[42] Friesen, P. H. , Miller, D. A Mathematical Model of the Adaptive Behavior of Organizations [J]. Journal of Management Studies, 1986, 23 (1): 1 – 25.

[43] Frigant V. and Talbot, D. Technological Determinism and Modularity: Lessons from a Comparison between Aircraft and Auto Industries in Europe [J]. Industry and Innovation, 2005, 12 (3): 337 – 355.

［44］ Fujimoto, T. The Evolution of a Manufacturing System at Toyota ［M］. New York: Oxford University Press.

［45］ Gaudes, A. The Skinny on Being Narrow: A Longitudinal Study on the Influence of Niche-width in the Presence of Market Turbulence ［J］. Journal of Comparative International Management, 2004, 7 (2): 112 - 129.

［46］ Gavetti, G, Rivkin, J. W. On the origin of strategy: Action and cognition over time ［J］. Organization Science, 2007, 18 (3): 420 - 439.

［47］ Gawer, A. , M. A. Cusumano. Industry Platforms and Ecosystem Innovation ［J］. Journal of Product Innovation Management, 2014.

［48］ Geels, F. W. , Hekkert, M. P. , Jacobsson, S. The dynamics of sustainable innovation journeys ［J］. Technology Analysis & Strategic Management, 2008, 20 (5): 521 - 536.

［49］ Geels, F. W. , Schot, J. Typology of sociotechnical transition pathways ［J］. Research Policy, 2007, 36 (3): 399 - 417.

［50］ Geels, F. W. Technological Transitions as Evolutionary Reconfiguration Processes: A Multi-level Perspective & A Case-study ［J］. Research Policy, 2002, 31 (8): 1257 - 1274.

［51］ Gibson, C. B. , Birkinshaw, J. The antecedents, consequences and mediating role of organizational ambidexterity ［J］. Academy of Management Journal, 2004 (47): 209 - 226.

［52］ Grinnell, J. The Niche - Relationships of the California

Thrasher [J]. The Auk, 1917 (9): 427 – 433.

[53] Gupta, A. K, Smith, K. G. and Shalley, C. E. The inter-play between exploration and exploitation [J]. Academy of Management Journal, 2006 (4): 693 – 706.

[54] Hannan, M, J. Freeman. Organizational Ecology [M]. Cambridge, MA: Harvard University Press, 1989.

[55] Hannan, M., J. Freeman. The Population Ecology of Organization [J]. American Journal of Sociology, 1977, 82 (5): 929 – 984.

[56] Hegger, D. L. T., Van Vliet J., Van Vliet B. J. M. Niche Management and Its Contribution to Regime Change: the Case of Innovation in Sanitation [J]. Technology Analysis & Strategic Management, 2007, 19 (6): 729 – 746.

[57] Helfat, C. E. and Peteraf, M. A. The dynamic resource-based view: Capability lifecycles [J]. Strategic Management Journal, 2003 (24): 997 – 1010.

[58] Jansen, J. J. P, van den Bosch, F. A. J, Volberda H W. Exploratory innovation, exploitative innovation, and ambidexterity: The impact of environmental and organizational antecedents [J]. Schmalenbach Business Review, 2005 (57): 351 – 363.

[59] Karim, S, Williams, C. Structural knowledge: how executive experience with structural composition affects intrafirm mobility and unit reconfiguration. Strategic Management Journal [J], 2012, 33 (6): 681 – 709.

[60] Kemp, R., Schot, J., Hoogma, R. Regime Shifts to

Sustainability through Processes of Niche Formation: the Approach of Strategic Niche Management [J]. Technology Analysis & Strategic Management, 1998, 10 (2): 175 – 195.

[61] Lane, P. , Lubatkin, M. Relative absorptive capacity and inter-organizational learning [J]. Strategic Management Journal, 1998, 19 (5): 461 – 77.

[62] Leonard-barton, D. Core capabilities and core rigidities: A paradox in managing new product development [J]. Strategic Management Journal, 1992, 13 (S1): 111 – 125.

[63] Levinthal, D. A, March, J. G. The myopia of learning [J]. Strategic Management Journal, 1993, 14 (S2): 95 – 112.

[64] Liao, S. H. , Fei, W. C. , Chen, C. C. Knowledge sharing, absorptive capacity, and innovation capability: an empirical study of Taiwan's knowledge intensive industries [J]. Journal of Information Science, 2007, 33 (3): 340 – 359.

[65] Lichtenthaler, U. Absorptive capacity, environmental turbulence and the complementarity of organizational learning processes [J]. Academy of Management Journal, 2009 (52): 822 – 846.

[66] Lichtenthaler, U. , E. Lichtenthaler. Technology transfer across organizational boundaries: absorptive capacity and desorptive capacity [J]. California Management Review, 2010, 53 (1): 154 – 170.

[67] Lim K. The many faces of absorptive capacity: spillovers of copper interconnect technology for semiconductor chips [J]. Industrial and Corporate Change, 2009, 18 (6): 1249 – 1284.

［68］ Lin, H, McDonough III, E. F. Cognitive frames, learning mechanisms, and innovation ambidexterity ［J］. Journal of Product Innovation Management, 2014, 31 （S1）: 170 – 188.

［69］ Ülkü, S., G. M. Schmidt, Matching Product Architecture and Supply Chain Configuration ［J］. Production and Operations Management, January – February, 2011, 20 （1）: 16 – 31.

［70］ March, J. G. Exploration and exploitation in organizational learning ［J］. Organization Science, 1991 （2）: 71 – 87.

［71］ Møller, M. M., Momme J., Johansen J. Supplier Segmentation in Theory and Practice——Towards a Competence Perspective ［C］. The 9th International IPSERA Conference, 2000: 508 – 520.

［72］ Mohr, L. B. Explaining Organizational Behavior ［M］. San Francisco, CA Jossey – Bass, 1982.

［73］ Mohr, L. B. Explaining Organizational Behavior ［M］. San Francisco, CA: Jossey – Bass, 1982.

［74］ Monaghan, A. Conceptual Niche Management of Grassroots Innovation for Sustainability: The Case of Body Disposal Practices in the UK ［J］. Technological Forecasting & Social Change, 2009, 76 （8）: 1026 – 1043.

［75］ Moore, J. F. The Death of Competition: Leadership and Strategy in the Age of Business Ecosystems ［M］. New York: Harper Collins, 1996.

［76］ Murmann, J. P. Knowledge and competitive advantage: the co-evolution of firms, technology, and national institutions ［M］. Cambridge

University Press, 2003.

[77] Nagel, R. N. , Dove, R. , Goldman, S. , Preiss, K. 21st century manufacturing enterprise strategy: An industry-led view [D]. Bethlehem: Iacocca Institute, Lehigh University, 1991.

[78] Nill, J. , Kemp, R. Evolutionary approaches for sustainable innovation policies: from niche to paradigm? [J]. Research Policy, 2009 (38): 668 –680.

[79] Nykvist, B. , Whitmarsh, L. A Multi-level Analysis of Sustainable Mobility Transitions: Niche Development in the UK and Sweden [J]. Technological Forecasting and Social Change, 2008, 75 (9): 1373 –1387.

[80] O'Reilly, C. A, Tushman, M. L. Organizational ambidexterity: Past, present, and future [J]. Academy of Management Perspectives, 2013, 27 (4): 324 –338.

[81] Park, Y. W. , Fujimoto, T. , P. Hong. Product architecture, organizational capabilities and IT integration for competitive advantage [J]. International Journal of Information Management, 2012 (32): 479 –488.

[82] Patel, P. C, Terjesen S, Li, D. Enhancing effects of manufacturing flexibility through operational absorptive capacity and operational ambidexterity [J]. Journal of Operations Management, 2012 (30): 201 –220.

[83] Raven, R. , Geels, F. W. Socio-cognitive Evolution in Niche Development: Comparative Analysis of Biogas Development in

Denmark and the Netherlands （1973 – 2004 ） ［J］. Technovation, 2010, 30 （2）: 87 – 99.

［84］ Reed, R. , R. J. DeFillippi. Causal Ambiguity, Barriers to Imitation, and Sustainable Competitive Advantage ［J］. Academy of Management Review, 1990, 15: 88 – 102.

［85］ Rothaermel, F. T, Alexandre, M. T. Ambidexterity in Technology Sourcing: The Moderating Role of Absorptive Capacity ［J］. Organization Science, 2009, 20 （4）: 759 – 780.

［86］ Rothaermel, F. T, Alexandre, M. T. Ambidexterity in Technology Sourcing: The Moderating Role of Absorptive Capacity ［J］. Organization Science, 2009, 20 （4）: 759 – 780.

［87］ Salvato, C. Capabilities unveiled: The role of ordinary activities in the evolution of product development processes ［J］. Organization Science, 2009, 20 （2）: 384 – 409.

［88］ Sarasvathy, S. D. Effectuation: Elements of entrepreneurial expertise ［M］. Edward Elgar Publishing, 2008.

［89］ Schilling, A. M. , Steensma, H. K. The use of modular organizational forms: an industry-level analysis ［J］. Academy of Management Journal, 2001, 44 （6）: 1149 – 1168.

［90］ Seo, D. and La Paz, A. I. Exploring the dark side of IS in achieving organizational agility ［J］. Communications of the ACM, 2008, 51 （11）: 136 – 139.

［91］ Seol, H. , Park, G. , Lee, H. , Yoon B. Demand Forecasting for New Media Services with Consideration of Competitive Relationships Using the Competitive Bass Model and the Theory of the Niche [J]. Technological Forecasting and Social Change, 2012, 79 (7): 1217 – 1228.

[92] Simsek, Z. Organizational Ambidexterity: Towards a Multi-level Understanding [J]. Journal of Management Studies, 2009, 46 (4).

[93] Smith, A. , R. Raven. What is Protective Space? Reconsidering Niches in Transitions to Sustainability [J]. Research Policy, 2012, 41 (6): 1025 – 1036.

[94] Techakanont K. , Terdudomtham T. Evolution of Inter-firm technology transfer and technological capability formation of local parts firms in the thai automobile industry [J]. Journal of Technology Innovation, 2004, 12 (2): 151 – 183.

[95] Tushman, M. L, Anderson, P. Technological discontinuities and organizational environments [J]. Administrative science quarterly, 1986: 439 – 465.

[96] Ulrich, K. The Role of Product Architecture in the Manufacturing Firm [J]. Research Policy, 1995 (24): 419 – 440.

[97] Vega – Jurado J, A. Gutierrez – Gracia, I. Fernandez-de – Lucio. Analyzing the determinants of firm's absorptive capacity: beyond R&D [J]. R&D Management, 2008, 38 (4): 392 – 405.

[98] Wareham, J, Foxp, B, Cano Giner, J. L. Technology ecosystem governance [J]. Organization Science, 2014, 25 (4): 1195 – 1215.

［99］ Worch，H，Kabinga，M，Eberhard，A，et al. Strategic renewal and the change of capabilities in utility firms ［J］. European Business Review，2012，24（5）：444 – 464.

［100］ Yin，R. K. Case Study Research：Design and Methods，（3rd ed. ）［M］. Thousand Oaks，CA：Sage，2003.

［101］ Zahra，A. S. ，George G. Absorptive capacity：a review，re-conceptualization，and extension ［J］. Academy of Management Review，2002（27）：185 – 203.